Gustav Busse

Der Conjunktiv im altfranzösischen Volksepos

Gustav Busse

Der Conjunktiv im altfranzösischen Volksepos

ISBN/EAN: 9783743487987

Hergestellt in Europa, USA, Kanada, Australien, Japan

Cover: Foto ©Paul-Georg Meister /pixelio.de

Manufactured and distributed by brebook publishing software (www.brebook.com)

Gustav Busse

Der Conjunktiv im altfranzösischen Volksepos

Der
Conjunktiv im altfranzösischen Volksepos.

Inaugural-Dissertation

zur

Erlangung der philosophischen Doctorwürde

der

philosophischen Fakultät

der

Christian - Albrechts - Universität zu Kiel

vorgelegt und nebst den beigefügten Thesen öffentlich vertheidigt

von

Gustav Busse

aus Sossmar.

KIEL.
Buchdruckerei von Carl Böckel.
1886.

Herrn Prof. Dr. Stimming

in Dankbarkeit und Verehrung

gewidmet.

Die beträchtliche Anzahl von Specialarbeiten über die Verwendung des Conjunctivs*) beweist wohl genug die wichtige Stellung, die dieser Theil der Grammatik in der Reihe der syntactischen Betrachtungen einnimmt. Um nun dem Bestreben entgegenzukommen, dass auch für das Altfranzösische allmählig ein Ganzes auf diesem Gebiete der Syntax erzielt werde, habe ich es mir zur Aufgabe gemacht, die Verwendung des Conjunctives im altfranzösisehen Volksepos, den chansons de geste, zu untersuchen, einem Gebiete, auf welchem bis jetzt eine derartige Arbeit noch nicht geliefert ist, und hoffe damit den Betrachtungen über die Verwendung des Conjunctives im Altfranzösischen einen gewissen Abschluss zu geben, da ja dann mehrere Hauptvertreter der altfranzösischen Literatur:»Wace, Chrestien de Troyes, Ville-Hardouin und die chansons de geste einer genaueren diesbezüglichen Untersuchung unterzogen worden sind.

Ausser den oben erwähnten Specialabhandlungen wurden noch die Grammatiken von **Diez, Mätzner** und **Lücking**, sowie die Abhandlung **Toblers:** Vom Verwünschen. Commentationes

---

*) Für das Altfranzösische allein vgl.
Krollick: Ueber den Conjunctiv bei Ville-Hardouin, Greifswald 1877.
Svenonicus: Om bruket of subjonctif hos Chrestien de Troyes. Upsala 1880.
Bischoff: Der Conjunctiv bei Chrestien. Halle 1880.
Kowalski: Der Conjunctiv bei Wace, Breslau 1882.
Qniehl: Der Gebrauch des Conjunctivs in den ältesten französischen Sprachdenkmälern. Kiel 1881.
Haase: Ueber den Gebrauch des Conjunctivs bei Joinville. Cüstrin. Progr. 1881 — 1882.
Gotthold Willenberg: Historische Untersuchung über den Conjunctiv Präsentis der ersten schwachen Conjugation im Französischen, Rom. Stud. III. 390 ff,

philologicae in honorem Theodori Mommseni, zur Benutzung herangezogen. Was die Anlage der vorliegenden Arbeit anbetrifft, habe ich mich der Arbeit von **Fr. Bischoff**: Der Conjunctiv bei Chrestien *) angeschlossen.

Die zur nachstehenden Arbeit verwendeten Texte sind in alphabetischer Reihenfolge:

Aiol — Aiol et Mirabel, ed. W. Förster. Heilbronn 1876.
Alisc. — La bataille d' Aliscant, ed. F. Guessard et A. de Montaiglon. Paris 1870.
Amis — Amis et Amiles, ed. Konr. Hofmann. Erlangen 1882.
Aub. — La chanson d' Auberi le Bourgoin, ed. Ad. Tobler. Berlin 1878.
Avign. — Aie d' Avignon, ed. P. Meyer et F. Guessard. Paris 1861.
Ant. — La chanson d' Antioche composée par Richard le Pelerin, ed. Paulin Paris. Paris 1848; tome I et II.
Aquin — Li romans d' Aquin ou la conqueste de la Bretaigne par le roy Charlemaigne, ed. F. Joün des Longrais, Nantes 1880. (Société des bibliophiles bretons).
Baud. — Li romans de Bauduin de Sebourc (III e roi de Jhérusalem), publ. d'aprés les manuscrits de la bibliothèque royale. Valenciennes 1841, tome I et II.
Berta — Berta de li gran pié, ed. Romania III.
Berte — Berte aux grans piés, ed. P. Paris, Paris 1882.
Buev. — Bueves de Commarchis, ed. Aug. Scheler. Bruxelles 1874.
Capt. — Hugues Capet, ed. Le Mis de la Grange. Paris 1846. (Sous la direction de M. F. Guessard).
Cygne. — Le chevalier au cygne et Godefroid de Bouillon, ed. par le baron de Reiffenberg et A. Borgnet, Bruxelles 1854 Tome I-IV. (Collection d. cronig belg. inéd. XVI—XVIII.)
Doon — Doon de Mayence, ed. A. Pey. Paris 1859. (Les anc. poët. d. l. France.
Elie — Elie de Saint-Gille, ed. W. Foerster. Heilbronn 1876.
Fierab. — Fierabras (franç), chanson de geste, ed. A. Kroeber et G. Servois. Paris 1860. (Les anc. poët d. l. France.)
Floov. — Floovant, ed. H. Michelant et F. Guessard. Paris 1859. (Les anc. poët. de la France.
Gar. — Li romans de Garin le Loherain, ed. P. Paris. Paris 1833. Tome I.—II. (Les rom. d. XII. pairs).
Girb. — Girbert de Metz, (fragm.), ed. Stengel Rom. Stud. I.
Gorm. — Gormund et Isembart, ed. Rob. Heiligbrodt, Rom. Stud. Bd. IV. pg. 501.

---

*) Vgl. darüber die Recension von Prof. H. Suchier, Literaturblatt f. germ. und rom. Philologie. Jahrg. 1881 II.

Gui B. — Gui de Bourgogne, ed. F. Guessard. Paris 1858. Les anc. poët. d. l. France).

Gui N. — Gui de Nanteuil, ed. P. Meyer. Paris 1861. (Les anc. poët. d. l. France).

Guillaume d'Orenge, ed. W. J. A. Jonckbloet. La Haye 1854. enthaltend:
 a. **Looys.** — Li coronements Looys;
 b. **Charr·** — Li charrois de Nymes;
 c. **Orenge** — La prise d'Orenge;
 d. **Viv.** — Li convenans Vivien.

Huon — Huon de Bordeaux, ed. F. Guessard. Paris 1860. (Les anc. poët. d. l. France).

Jerus. — La conquête de Jérusalem, faisant suite à la chanson d'Antioche, comp. par le pelerin Richard et renouvelée par Graindor de Douai, ed. C. Hippeau. Paris 1868.

K. Reise — Karls Reise nach Jerusalem und Constantinopel, ed. Ed. Koschwitz. Heilbronn 1880.

Jourd. — Jourdains de Blaivies, ed. Konr. Hofmann. Erlangen 1882.

Mac. — Macaire, chanson de geste, ed. Ad. Mussafia. Wien 1864.

Main. — Mainet, ed. Gaston Paris. Romania Bd. IV. pg. 305.

Mong. — Li moniages Guillaume, fragm. des Guillaume d'Orenge, ed. Konr. Hofmann. München 1850. Abh. d. I. Cl. d. K. Ak. d. Wiss. VI. Bd. III. Abth.)

Mort G. — La mort de Garin le Loherain, ed.M. Edéléstand du Méril. Paris 1846. (Rom. d. XII. pairs).

Pampl. — La prise de Pampelune, ed. Ad. Mussafia. Wien 1864.

Ogier — Ogier de Danemarche, ed. Raimbert de Paris. Paris 1842.

Otin. — Otinel, ed. F. Guessard et H. Michelant. Paris 1858. Les anc. poët. d. l. France).

Par. — Paris la duchesse, ed. F. Guessard et L. Larchey. Paris 1860. (Les anc. poët. de la France.

Raoul — Li romans de Raoul de Cambray et de Bernier, ed. Edward Le Glay. Paris 1840. (Rom. d. XII. pairs.)

Ren. — Renaus de Montauban, ed. H. Michelant. Stuttgart 1862. (Bibl. d. lit. Vereins in Stuttg.)

Rol. — Chanson de Roland (et remaniements), ed. Th. Müller. Göttingen 1878.

Rome — La destruction de Rome (première branche de la chanson de geste de Fierabras), ed.P. Meyer et G. Paris. Paris 1873. Romania Bd. II.)

Ross. — Girard de Rossillon, ed. Francisque Michel. Paris 1856.

Saisn. — La chanson des Saisnes, ed. Fr. Michel. Paris 1839. Tome I u. II.

Viane — Gerard de Viane (fragm.), verzeichnet im Fierabras (provenzal), ed. Immanuel Bekker. Berlin 1829.

A. Der Conjunctiv des Wunsches.

I. In unabhängigen Wunschsätzen.

a. In unbedingten, realen Wunschsätzen.

Im allgemeinen findet sich im altfranzösischen Volksepos, den chansons de geste, der unabhängige Wunschsatz, dem gewöhnlichen Gebrauche des Neufranzösischen entgegen, ohne die ihn einleitende Partikel «que», häufig genug aber zeigt sich schon das einleitende que, um dem Satze einen grösseren Nachdruck zu geben, sodass der Wunschsatz als elliptischer Nebensatz auftritt. Gern auch treten an die Spitze des unabhängigen Wunschsatzes andere verstärkende Partikeln wie «si, or oder car.»*) Am häufigsten sind von diesen die Partikeln «or» und «car» verwendet worden; «or» zeigt sich mit besonderer Vorliebe als einleitende Verstärkung bei den unabhängigen Aufforderungssätzen, während «car» besonders bei den irrealen (unerfüllten oder unerfüllbaren) Wunschsätzen, nicht selten auch wie «or» bei den unabhängigen Aufforderungssätzen beliebt gewesen zu sein scheint. Am wenigsten trifft man die in ähnlicher Weise verwendete einleitende Partikel «si», mit Ausnahme der Beschwörungsformeln, wo sie allein verwendet und gleichsam zur stehenden Formel geworden ist. Wahrscheinlich um dem unabhängigen Wunschsatze einen noch grösseren Nachdruck zu geben, zeigt sich in einzelnen Beispielen

*) Vgl. Diez III⁴ 213 § 4.

das Auftreten mehrerer dieser Partikeln neben einander, z. B. «or» neben dem einleitenden «que» in Gar. II. 140,11. Diex! qu'or n'i fust dus Begues de Belin!*) Endlich zeigt sich der unabhängige Wunschsatz ziemlich häufig als explicativer Relativsatz verwendet. Bei der häufig eintretenden dialogisirten Redeweise in den chansons de geste zeigt sich natürlich eine ungeheure Fülle von Material in Betreff dieses ersten Theiles der Verwendung des Conjunctives; wir wollen eine Reihe von Belegen anführen, indem wir zunächst die unbedingten, realen Wunschsätze behandeln und sie nach ihren beiden Hauptgesichtspunkten «Guteswünschend» und «Verwünschend» auf einander folgen lassen.

a. Gutes wünschend.

α. Ohne einleitende Partikel:

Rol. 1854 ff. Seignors barons, de vos ait Deus mercit! Tutes vos annes otreit il paréis! ib. 2887, 2898, 3720, Gar. I. 76,16, II. 280,1, Huon 12,27, Mort G. 12,14, Raoul 136,13, — Viv. 1222. Dex les conduie, li cors de majesté! — Buev. 1697, Berte 37,15, Huon 18,22, 180,1, Gui B. 56,11, Jourd. 964, 2133, Ogier 3695, Pampl. 786, — Ogier 27. Oiez, baron, beneie-vos Dex, Mac. 3567, Rome 627, Gar. I. 189,17, ib. II. 20,16, 99,17, Raoul 319,3 ff. — Gar. I. 2904. Brunamont sire, Mahom te puist garir! ib. I. 118,22, 240,13, Alisc. 223,6, Aubr. 252.1, Amis 91, Baud. I. 14,21, II, 6,32, Gui B. 128,10, Mort G. 19,20, 202,20, Looys 665, etc. — Alisc. 4.16. Diex penst de s'ame qui près est del morir! Gar. I. 24,13, Rome 402, 824, — Amis. 2257. Dex le garisse li peres de lassuz! — Aubr. 17,16, Buev. 132, Gar. I. 134,8, Gui. N. 95,21, Mong. 520, K. Reine 305, Looys 585, 933, etc. — Berte 60.2. Dame-Diex par sa grace li renvoit bon éur! — Ogier 516. Dex et saint Pières m'en face vengison. — ib 4909. Moi retenistes, Dex vos en sace grés, Aub. 61,20, Alisc. 108,33, Floov. 716, Huon 128,5, 158,1, Jourd. 761, Jerus. 9021, Looys. 2259, Par. 35,9, Ren. 47,24, Viv. 439, 3399, etc. — ib. 5385. Li cors trebuce, l'ame ait le Rois du ciel! — Huon 127,11. Sewins ot nom, Diex li face pité, ib. 184,4, 237,2, Buev. 846, Cygne 2990, Gar. I. 44,16, 419,21, Mort. G. 230,17, — Gar. II. 14,15. Tenez, dans rois, Diex vous en doint joïr! Pampl. 4197, Rome 945, — ib. 70,8. De Dieu en ait graces et mercis! — Berte 21,12. Mere, ce dist Aliste, Diex o'e vo proiere, — Capt. 69,18. Ay! Huon, dist elle, Jhesu vos soit garans, etc.

β. Der unabhängige Wunschsatz ist durch eine den Satz verstärkende Partikel eingeleitet, ähnlich wie im Lateinischen durch »ut, utinam« etc. Solche altfranzösische Partikeln sind: »**or, que si** und **car**.

---
*) Vergleiche weiter unten pg. 17.

β_1. **durch »or«.**

Alisc. 30,14. Or le garisse cil qui le mont cria, ib. 50,20, Jerus. 37,74, ib. 6214, 9041, — Aubr. 181,29. Or me soit diex, li vrais peres, aidans! Alisc, 57,20, Gar. I. 78,4, Aquin 644, — ib. 190,13. Or en penst dieus, li roi de majesté! So: Orenge 859, 1022, 1543, Gui B. 63,4, Gar. II. 25,2, 121,12, Ant. I. 80,10. Berte 27,6. Ore en ait Diex pité li rois de majesté! Gar. I, 132,11, — Huon 169,9. Ar face Dieus de moi sa volenté. Paris 35,2. — Doon 146,10, Or en soit Dex au droit par la sue bonté! — Floov. 53,10, Or les condue Dex, li fiz Saingte Marie! Alisc. 47,20, 63,16, 192,2, Ant. I. 96,7, Capt. 46,1, Doon 15,11, — etc.

β_2. **Durch »que«, wie es im Neufranzösischen allgemein geworden ist; »que« entspricht ganz dem lateinischen »utinam«.**

Aiol 1 ff. Signor, or escoustes, que dieus nous soit amis, ... Amis 903, Floov. 1,1, — ib. 74. Signor, or escoustes, que dieus grant bien nous face ... . Huon 1,1, Ogier 1. — Alisc. 13,9, Que Diex recoive s'ame! — Amis 1 ff. Or entendez, seignor gentil baron, — Que Deus de gloire voz face vrai pardon! Ant. I. 270,12. Or entendez, Seigneur, (Que Diex vous doinst honor!) ...... Avign. 56,31, Paris 26,4, Rome 7, Charr 1300. Oez Seignor, que Dex vous beneie! Aehnl. Orenge 1, Ogier 5576, Jourd. 1, — Cygne 1 ff. Or escoutés en nom de la Vierge royne! Que Dieux ly tous-poissans, qui tous li biens afine, Vous veille herbégier en la glore angeline! — Doon 1,2. Que Damedieu vous doinst leiche, vie, estauche! — Gar. I. 21,17. Chevauches, Sire, que Diex te soit garant! Looys 1, Gaufr. 73,19, Gar. I. 25,2, — Pampl. 3595 .... Mes broçons contre lour, che Jesu nous condue! Gar. I. 25,2. —

β_3. **durch «si»*)**

Avign. 15,9 ff. Or sera la bataille cors à cors el sablon; Si en soit Diex au droit par sa redempcion. Ogier. 4929. Si face Dex de moi ses voluntés.

Beide Beispiele finden ihr Gegenstück in den unter β_1, aufgeführten Belegen:

Doon 146,10. Or en soit Diex au droit par la sue bonté! und Huon 169,9. Or face Dieus de moi sa volenté!

β_4. **durch: «car».**

Alisc. 82.14 ff. Mar accointames Guillame à son beubant; Car laist Orenge, as maufes le commant, S'ait Vermendois dusqe as pors de Vuisant.

NB. Das in diesem Satze sich befindende «si» (cp. s'ait etc.) ist nicht verstärkende Partikel, sondern einfache Copula. (cp. Diez III⁴ 405).

Auffallend ist das dem »car« noch vorgesetzte »et«**) in

---

*) «Si» entspricht ganz dem in ähnlicher Weise verwendeten lat. »sic». Cp. Post damnum sic vendas omnia pluris, Hor, cit. Georges Lex. «sic II. c.» —
**) cfr. Diez III⁴ 403.

Aubr. 145,1, Biax jentis oncles, et car li soit meri; dies «et» findet sich in lebhafter Rede, nicht um die Sätze zu verknüpfen, sondern um den Uebergang von der Anrede (es geht immer ein Vocativ voraus) zum Ausrufe (hier: «des Wunsches») zu vermitteln. Vgl. Huon 294,5 ff. Lire, dist Nales, por Diu de majenté. Et qu'or vous prenge de Huelin pité. — In: Baud. I. 213,17 ff. Li contes de le Marche, qui là estoit saisis, Dist à ses IV. freres, chius là est nos amis; Diex le voeille garder, car il ne soit ochis! ist neben der Möglichkeit, dass «car» hier einen zweiten, unabhängigen Wunschsatz einleitet, es wahrscheinlicher, dass »car« (an Stelle von »que«) den von »Diex le voeille garder« abhängigen Zwecksatz einleitet; es kann vielleicht als »cor« (= c'or = qu'or)*) erklärt werden.

β 5. Auch haben wir ein Beispiel zu verzeichnen, wo die Verwendung zweier Partikeln neben einander als einleitende Verstärkung des unabhängigen (unbedingten, realen) Wunschsatzes stattgefunden hat, wohl zu dem Zweck, dem Wunsche eine noch intensivere Kraft zu verleihen. Diese Art der Verstärkung tritt häufiger auf bei den später zu besprechenden irrealen Wunschsätzen.

Huon 294,5 ff. Sire, dist Nales, por Dieu de majesté, Et qu'or vous prenge de Huelin pité.

γ. In der Form der indirecten Rede ausgedrückt, findet sich der unabhängige Wunschsatz in:

Berte 65,17. Berte le prent et dit que Diex l'en sache gré.

δ. Endlich zeigt sich der unabhängige (unbedingte, reale) Wunschsatz in der Form eines Relativsatzes. Trotzdem der Wunschsatz scheinbar durch ein einleitendes Relativpronomen an sein Bestimmungswort angeknüpft ist, haben wir es mit einem vollständig unabhängigen Wunschsatze zu thun; es ist nämlich z. B. in Alisc 64,24 »Li quens cevauce, qui Diex croisse barnage« dieser explicative Relativsatz nur eine andere Schreibart für »li quens cevauce Diex li croisse barnage« oder »Li quens cevauce, que Diex li croisse barnage« etc. Der Wunsch ist also in allen Fällen derselbe, nur die Form ist verändert. Belege für die Verwendung des Conjunctives in solchen explicativen Relativsätzen sind ziemlich häufig.

*) cfr. Diez III⁴ 214 Anm. und Wackernagel, Altfz. Lieder pg. 145.

Alisc. 63,24. Li quens cevauce, que Diex croisse barnage. Aehnl. Aquin 802, 1109, Berte 178,11 ,Fierabr. 108,8, 189,25, Gar. I. 98,5, — Aquin 3083 ff. Le ber duc Nesmes, qui prenge bonne fin, — Avign. 57,29 .... Et ung bon pelerin, qui Diex face pardon! Aehnl. Jerus. 4048, 1575, Cygne 2269, 9701, Gar. II. 268,17, 271,10, — Cygne 3095. La royne de France, à qui Dieux voelle aidier! ib. 4463 (que), — ib. 5883. Et ly bon pelerin que Ihésus benéie, ib. 31004, — Doon 15,11 ff. Or les conduie Dieu par son disne commant, Qui les puisse sauver et mener à garant, — ib 49,30. Et li enfes Doez, qui Diex soit en aie, ... So: Alisc 63,32, Gaufr. 314,3, Aehnl. Huon 138,34, ib. 139,31, — Fierab. 106,3 .... Et les autres barons, cui Diex gart d'encombrier: ib. 118,9 (qui), Jourd. 3661. — Gaufr. 184,20. Et les barons Francheis, à qui Dex soit ami. — Gui B. 64,5. Si dirons des enfans, que Jhesu puist aidier. ib. 112.23, 113,4. 115,16, Ant. II. 26,6. Fierab. 133,9 (qui), Ren, 12,1 (cui), Alisc. 20,12, Jerus. 637.

ε. Am Schlusse dieses ersten Abschnittes der Verwendung des Conjunctives möchte ich noch einiger Beispiele Erwähnung thun, bei denen der Inhalt des unabhängigen Wunschsatzes in einem Nebensatze angegeben wird. Solche Beispiele sind:

Berte 40,6 ff. Dame Diex, ... Doint qu'encor leur en soit li guerredons rendus! Huon 19,16, Gar. I. 194,11, Buev. 546 ff. -- Ren. 6, 22 ff. Hé portiers, biaus amis, de vos soit graé Que nos puissions entrer laiens en la cité . , .. Rol. 2938 ff.

Im nächsten Zusammenhange mit der bisher zur Sprache gekommenen Verwendung des Conjunctives mögen hier auch die Begrüssungs- und Abschiedsformeln ihren Platz finden.

Begrüssungsformeln.

1) Im freundlichen Sinne:

α. die Begrüssung wird durch das Verb, »saluer« eingeleitet:

Mac. 2073 ff. Il le salua de la part de Jesu: Cil Damenedé qi ait*) la grant vertu Ve salvi, rois, e vu e vestri dru. So: Gui B. 11,11, 83,20 ff., Capt. 216,3 ff., Moniag. 118.

β. Der Ausdruck der Begrüssung hat sich bereits zu einer gewissen formelhaften Wendung ausgebildet, wie in »bien veignies«, »bien soyés trouvés« und ähnlichen Beispielen:

Aubr. 2,32. Enfant, dist il, bien soies uos troue. So: Huon 127,13, 134,34, 181,16, Capt. 13,3, Doon 332,8, Raoul 319,9, Ren. 47,12, Paris 29,14, 47,9, Cygne 26178 ff., — Aubr. 162,18. Bien soit uenus li flus Basin le fier! Mort

---

*) »Ait« ist hier, wie überhaupt in den franco-italienischen Denkmälern, nicht die Conjunctivform, sondern die 3. p. ind. praes. Cfr. Gerard de Viane: 39, 40, 43, 47, 85, 96, 165, 186 etc. — Mac. Berta etc. Die gewöhnliche Form der 3. p. conj. praes. ist »aça« in derartigen Denkmälern.

G. 196,9 ff., — Berta 425. Vu siés ben trové! — Mac. 676. Dist li rois: vu siés ben venus! ib. 2082, Jourd. 310, Viane 8152, Cygne 3558, — Berte 118,19. Mere, ce dist la Serve, bien puissiez-vous venir! So: Huon 22,15, Gar. I. 153,8, II. 3,4, 55,19, 111,12, 137,2, 258,8, 269,19, Mort. G. 201,3, 121,9, ib. 241,8, — Cygne 18504. Roys de Jhérusalem, vous soyés bien vignant. — ib. 1916. Biaux fleux, ce dist li roys, bien soyés retournés! Pampl. 5326 ff. — Aubr. 87,13. Bien veignies, sire, dist la dame honorée. So: Huon 134,32, Gar. I. 145.18, Mort G. 28,10, 80,13, 96,6. Raoul 322,1, Paris 16, ib. 88,2, Baud. I. 6,20, 248,4, 275,1, II. 74,24, 108,20, 316,4, Cygne 2864, ib. 29788 etc.

Die Begrüssung betrifft nicht die angeredete, sondern eine dritte Person:

Gar. I. 300,4. Or dist li rois: Bien puist-elle venir! Aehnl. Mort G. 18,25, 19.16, — Mort G. 18,15. Dist la réine: bien puissent-il venir! ib. 22,8.

2. Die Begrüssung wird geäussert gegen eine unwillkommene Person:

Gaufr. 164,30 ff. Puis li a escrié: Mal soiés vous venant! ib. 174,19. Et se che estes vous, mal soiés vous trouvé! — Ren. 362,12. Frere, mal veignies vos; fet nos aves annoi.

Abschiedsformeln.

Die Abschiegsformeln treten bei weitem nicht so häufig auf wie die soeben behandelten Begrüssungsformeln, haben sich in Folge dessen auch weniger zu formelhaften Wendungen ausgebildet. Hierher zu stellen wären:

Mort G. 19, 18. Et dist la dame Bien aiez-vos, Amis! (= gehabt euch wohl!), — Paris 22, 18. A. Damede de gloire soit vos cor commandez, — Raoul 401, 9 A Mahomet soiés vos commendés, — Ren. 125,38. A dame Deu de gloire soies vos comandés. — Ant. I. 42,1. A Dame Dieu soies-vos comandés! und ähnl. Ausdr. ——

Bevor wir nun zu dem zweiten Theile unseres ersten Abschnittes, zu den Verwünschungen, übergehen, wollen wir erst noch jene Beispiele betrachten, in denen der Wunsch sich insofern zu einem guten gestaltet, als durch seinen Inhalt ein bevorstehendes Unheil abzuwenden versucht wird. Sätze solcher Art pflegen eingeleitet zu werden durch »Ne place Dieu«, »Dex me gart« und ähnliche Ausdrücke. Der Inhalt des Wunschsatzes wird meistens durch einen Nebensatz angegeben.

Fierab. 10, 30 Sire, dist Guenelun, Dius en gart mon barné. Aehnl. Gui B. 42,27, Floov. 31,6, Oti 50,9, Raoul 11,14, 272,4, Mort G. 81. Ja Dex de gloire ne l'en doigne joïr! — Orenge 737. Dex le deffende de perte et damage! — Jerus. 1761. Baron, or a l'assent! Dex vos destort de mal! —

Viane 2140. Cil damedeus ..... et de mort te desfande. — Aubr. 14,20.
Ne place Dieu, nies, que nous i muiriens ...., ib. 140,27. Ja ne place Jesu
Que por le cors aie l'espir perdu. ib. 145,22, 232,9, — Amis 396. Ja Deu ne
place que vive un mois entier! Aehnl. ib. 3353 ff., 1918, Buev. 1889, — Capt.
194,18, Cygne 27207, 29321, Avign. 41,16, Gar. II. 182,4, 263,13, Gui N. 8,14..
12,30. 40,5, Gui B. 24,19, Huon 19,10, 44,2, Aiol 594, 1437, 1797, Jerus 6697,
7171, Jourd. 615, Mort G. 13,12, 103,1 ,126,20, Mac. 3130, Raoul 193.18, Ren.
150,33, Rol. 1062, 1073, 3710, Ross. 292,17, Saisn. I. 225,4, Viane 660, 2055,.
ib. 3969, etc. etc.

a². Verwünschend.

α. Ohne einleitende Partikel:

Aiol 1509. Maleoite soit toute l'ame uo pere! Aehnl..ib. 4806. Aubr. 16,26,.
ib. 35,29, Aquin 2367, Buev. 794, Huon 43,22, Ren. 9,6, Viv. 157, — Aubr. 33,36.
Au vif deauble soit ses cors comandez! Alisc. 44,2, 73,13, 133,32, Doon
219,10, Otin. 66,12, — Berte 84,12. Dame Dieu les confonde, le fils de sainte
Marie! Aehnl. ib. 93,16, 100,12, 101,4, 102,12, 103,12, 107,2, 118,6, 119,1
etc., Buev. 284. 1614, 1781, 3376, Baud. II. 53,29, 252,11, Gar. I. 47,1, Gui N.
7,21, 10.5, Huon 30,1, Jourd. 111,126, Mac. 175, 2224, Otin. 64,4. Ren. 44,35,.
etc. — Aubr. 101,26. Cuiurt Flamenc, dieus uos doinst encombrier! Aehnl.
Rome 841, Doon 149,19, 167,14, 293,17, Huon 287,4, Looys 1572, 2555,
Jerus. 327, Raoul 202,5 ff.. — Charr. 7313. Diva! vilaines, Mahomes mal de
face! Looys 2414, Rol. 1895, — Berte 89,11. Grant avoir assemblerent, Diex
les puist maléir! Aehnl. ib. 23,17, 31,2, 31,7, 32,3, 34. 11 etc., — Avign. 9,21,.
Ant. 1. 247,3, II. 132,15, Buev. 3052, Gar. I. 32,5 (Dex les puit =puist) maléir!
ib. 107,14, 108, 19, Jourd. 3993, 4041, Ren. 391,3, Raoul 327,10 etc., — Aquin
2129. Mal feu d'enfer arde ceste cité! Jourd. 994, — Gar. I. 107,6. Mal gré
en ait Bernars et Fromondins, Mort G. 136,3, Raoul 172,10, Rol. 1928, — Capt.
194,9 . . . t'aiez mallaichon! ib. 217,26, Rol. 1958, Jourd. 7754, — Rol. 3276.
De vos seit hoi male confusiun! ib. 32,99, — ib. 1616. Tere major, Mahomet
te maldie! Charr. 1427, Aquin 537, Gar. I. 209,15, Huon 152,29, Mac 391,687,.
Ren. 3580, Raoul 284,9 etc.

β. Mit einleitender Partikel:

Der unabhängige Wunschsatz, im verwünschenden Sinne
gebraucht, ist nur selten durch eine verstärkende Partikel eingeleitet, es tritt nur «que» auf, und auch dies nur:

Doon 291,13. Que maudit soit le queu de son dieu Appolin, ...!

γ. Häufiger hingegen sind wieder die Beispiele, wo der unabhängige Wunschsatz als explicativer Relativsatz auftritt:

Aubr. 7,17. E si dui fil, cui diex doinst encombrier! Aehnl. Looys 1846,
ib. 1997, 2144, Ogier 3110, Jourd. 33, Gar. II. 84,11, Alisc. 4,11. Gui B. 24,24
(qui), Otin. 40,2, 64,4, 85,2, Aiol 1821, Gaufr. 179,31, — Berte 26,12. Et
Tybers l'a saisie qui moult ait mal dahé! Ant. II. 299,7, — Berte 122,11. ("est

la fille Margiste cui li cors soit maudie! — Cygne 377. Sa matrone remest, qui ait maléichon, ib. 5641, Gar. II. 96,14, Otin. 2,29, — Gar. I. 27,2 .... Quant point Doutrages, cui Diex puist craventer! ib. I. 37,11, 277,24, Cygne 254 ff., Gaufr. 71,31, 187,27, 189,33, Jourd. 4041, 4064, ¦Looys 1453, Mong. 237, — Huon 274, 23. Gibouars l'ot, cui li cors Diu maldie! Aehnl. Floov. 10,15, Gui B. 116,25, Jerus. 6215, Mac. 360, 1249, — Gar. I. 47,2 .... A tuit lor gent, cui Diex envoist grant honte! — Jourd. 171 ff. Fromons li fel, cui jà Dex nen aiut, Ren. 159,3, — Ogier 113. Gaufroi mes peres, cui tot confonde Dé, ... — Rome 971. Laens furent payen, que dieu doint mal dehé, ib. 1067, 1306, 1431, 1354, Buev. 151 (cui Diex doinst male estraine! ib 1699) etc.

Hiermit möge nun unsere Betrachtung über die Verwendnng des Conjunctives in den unbedingten, realen Wunschsätzen abgeschlossen sein, und wir wollen uns nun zu einem andern Abschnitte wenden, der über die Verwendung des Conjunctives in den bedingten, realen Wunschsätzen handelt.

b. Die bedingten Wunschsätze.

1. **Der Wunschsatz ist bedingt durch einen Relativsatz;**

α. Gutes wünschend, im Sinne einer verheissenden Belohnung.

Aiol 958. Bien ait qui uous aprist a ceuachier! — Aubr. 40,22. Nies, dist li oncles, bien ait, qui te porta! So: Huon 165,14, Baud. II. 69,5, Cygne 2673, 17290, Buev. 3405, Capt. 193,2, 228,22, Fierab. 8,14, Gaufr. 218,8, Saisn. I. 109,1, — Gaufr. 119,17 ff. Benoite soit la dame que tele me donna Et la terre ensement qui tele herbe porta, — Mac. 3555. Ben soit la vie qe no l'oit oblié, — Ross. 357, Bon gré ait li sainz home qui l'en plevis! etc.

β. Verwünschend, zum Zwecke drohender Warnung.

Alisc. 114,18. Maléois soit ki cest fust doit porter! — Ant. I. 83,19. Dame Diex les maudie qui le mont estora! — Aubr. 12,29. Mais hounis soit qui ne se defendra. Aehnl. Berte 109,14, Baud. I. 252,20, II. 4,1, 15,12, Cygne 15807, Gui B. 80,8, Floov. 4,1, Mong. 261, Ogier 569, Ren. 11,16 — Baud. I. 43,3. Mainfrois, dist la royne, pendus soit qui en ment, — Berta 266. Mal aça quel que proier se lassa! Gaufr. 295,12. Baud. II. 290,7, Huon 164,4, Mac. 944, Ogier 2163, Pampl. 3598, Ren. 14,15, Viane 3460, Rol. 1047, Ross. 308,9, ib. 308,23, — Gaufr. 14,32. Fel soit qui ne vent tant com son cors vivra! ib. 253,1, — Rol. 1107. Mal seit li coer ki el piz se cuardet. Alisc. 10,19, Amis 779, Charr. 147, Huon 131,11, Mong. 904, Mort G. 36,4, Orenge 1817, Raoul 284,10 etc.

Das Relativpronomen ist ausgelassen in:
Gui N. 78,25. Et dist Gui de Nanteuil: Couars soit ne l'otrie. Ebenso:
Fierab. 111,2. Dehet ait ne s'en painne puis qu'ele ara menbré.
Das Verbum ist ausgelassen in:
Huon 143,2. Mal de celui qui puist à lui parler! Vgl. unser »Schande
über Dich«, »Wehe Dir«, »Wehe dem« u. s. w.
Verstärkt, und zwar durch die Partikel »si«, tritt der
bedingte Wunschsatz auf in:
Aquin 1514 ff. Paiens respondent: A vostre volonté, S'il soit honni et
si ait mal dehé, Qui n'y ferra o le branc aceré!

2. Der Wunschsatz ist Hauptsatz eines
Bedingungssatzes.

Der Wunsch äussert sich als bedingungsweise Verwünschung
im Sinne einer Betheuerung.

α. als bedingungsweise Selbstverwünschung (d. h. die Verwünschung betrifft die redende Person).
Alisc. 228,5. Se ne me venge, dont aie mal dehés. Aehnl. Gui B. 80,11,
Berta 879 ff. Deo me confonde qe sofri pasion, Se mais par moi le savera nul
on. Aehnl. Jourd. 348, Huon 235,16, Mong. 349, 592, Orenge 296, Par. 28,2, 35,10,
Ren. 79,00, 128,24, 128,26, Rol. 788, Viane 3565, Mac. 547, — Berte 80,13. Et
je soie honnie se je bien ne vous paie, — Gar. I. 245,8 ff. Se ne li rens ses
mortés anemins, Li rois me fasse tos les membres tollir, — Gui N. 12,30 ff.
Se je n'en fez droiture au los de mi baron Ja Dame dieu ne place de son
saintisme non Que chaigne mès d'espée ne cauche d'esperon. — Mong. 349,
Se jou le soueffre, maldite soit ma gorge, — Ross. 321,21. Mal aie, si ge ore
i quier aunar. ib 324,11, 326,9 etc.

β. Die Verwünschung betrifft nicht die redende, sondern
eine dritte Person:
Ant II. 83,8. Mal ait s'ainc i desist parole ne raison. Aiol 1862 Mul
ait s'onques Aiols en uausist I. baillier, Gui No. 13,17. Ja Dex n'aist Kallon
s'a fourques ne me pent! Gui B. 35,8, ff., — K. Reise 516. Trestuz seit fel
li reis, s'essaier ne vous fait! — Ross. 379,9. Dehé ait s'el vos rent oncor
Alpais! ib. 385,23, — In: Saisn. I. 211,1 ff. Baron, dist Karlemaines, par le
Seignor dou mont! Qui bon consoil set dire mal, ait s'il le respont! ist
natürlich das Komma hinter «mal» zu streichen und hinter «dire» zu setzen.

Zuweilen hat sich eine solche hypothetische Selbstverwünschung
zu einem Gelübde gestaltet.

Beispiele in denen der Conjunctiv zur Verwendung kommt,
finden sich:
Gaydon 9. Dex me confonde parmi la crois ensom, Se mais menjug

de char ne de poisson, — Fierab, 81,20 ff. Mahomet me maudie qui j'ai voé
mon cief, Se ge jamais mengüe tant comme vis soiés. u. ähnl. Bsp.

Im Anschluss an diese unabhängigen Wunschsätze, deren
Inhalt eine Verwünschung im Sinne einer Betheuerung enthielt,
lassen sich am besten jene unabhängigen Wunschsätze einfügen,
in denen der Sprechende im Sinne einer Betheuerung etwas
Gutes auf sich oder auf eine angeredete Person herabwünscht.
Diese Betheuerungsformeln werden auf zweifache Weise ausgedrückt, einmal vergleichend durch das correlative si,
ganz entsprechend dem lateinischen sic in: Sic me deus adjuvet,
zweitens aber conditional durch das hypothetische se
mit dem Conjunctivus optativus.*)

α. correlativ.

α 1. Der Wunsch betrifft die redende Person:
Amis 134 ff. Si m'ait Dex, molt voz teing a bricon, ib. 155, 159, 621,
1406, 1424, 2494, — Aut. I. 98,3, Band I. 6,34, 248,4, 275,1, Capt. 116,12,
Doon 293,26, Gui B. 62,26, 63,3, 86,21, 91.8, — Gar. I. 124,12, Huon 22,5,
22,15, 122,18, Gorm. 208, 221, Jourd. 45, 483, Mort G. 5,6, 104,11, 220,17, —
Paris 19,27, 61,26, 64,26, Raoul 100,9, Ren. 5,17, 13,25, 16,8, 17,11, 75'38,
ib. 356,1, 362,2, Ross. 326,5, — Viane 602, 1076, etc. — Berte 153,10. Mieus vou
droie entre mort, si me soit Diex sauvere. ib. 155,13. Plus l'aim que mes enfans
si soit m'ame sauvée. ib. 37,11 . . . . . . si ait Dix en moi part. — Buev. 2535
. . . . . si me gart Mahons, Limbanors ai a non, rois sui des Esclavons. Ross.
296,30, — Huon 139,31 Car je vous di, si me soit Dix aidant, Cou est Dunostre
que vos alés véant, etc.

α 2. Der Wunsch betrifft die angeredete Person:
Fierab. 14,9. Vasal, dist Fierabras, si t'ait li tiens Dés, Car me di ki
tu es, ki est des parentés. — Rome 1285. Diva, fist, dans feitour, si t'ait li
tiens deus. Que est en ces barils? Hier ist wohl an Stelle des Punktes hinter
deus besser ein Komma zu setzen.

β. conditional:

β 1. Der Wunsch betrifft die redende Person:
Amis 33,53. Jai non Amis, se Dex me face aïe, Et cist Amiles, ne'l
mescreez voz mie. Cygne 554, — Alisc. 35,6. Mais, se ja m'ame ait de Mohon
salu, Ne mangerai . . . . ., — Jerus. 9105, — Aiol 1637. Sire, ne sai que dire,
se dieus me puist aidier. Aehnl. Aubr. 76,25, Berte 19,7, — Huon 15,20, 143,31,
ib. 186,29, 205,33, 284,3, 290,16, 304,18, Buev. 3057, Gaufr 187,16, 213,9, .
— Cygne 24203. Sire, ce dist Piéron, se Deus me benéie, Se vous mande
. . . ., Pampl 352, — Huon 164,5. Mais saciés bien, se Diex me doinst santé,

---

*) vgl. Diez. Gramm. III⁴ 213 § 4, ib. 357. § 3. Bischoff a. a. O. pg. 10.

Ma cançon tost vous ferai definer. ib. 296,11. Jou vous dirai, se me soit Diex amis, Que bien seroit, certes, ce m'est avis.

β 2. Der Wunsch betrifft die angeredete Person:

Amis 297. Sire Hardré, se Dex vos benee, Par cui conduit veiiez en ceste ville? ib 3345, 3351, Pampl. 5337, — Doon 145,8. Seigneurs, fet Do li preus, se Dex vous doinst santé, Dites moi ...., — Huon 106,14. Car le me di, se t'ame ait ja salu! ib. 229,16 .... Parole à moi, se t'ame ait ja pité. — Fierab. 33,13. Di moi pour coi l'as fait, se Diex te puist sauver, etc.

---

c. Die irrealen (unerfüllten oder unerfüllbaren) Wunschsätze.

Der Modus in diesen Wunschsätzen ist der Conjunctiv des Imperfectums oder Plusquamperfectums, während in den bisher behandelten realen Wunschsätzen der Conjunctiv des Präsens verwendet wurde. Auch hier haben wir neben der Verwendung des blossen Conjunctives denselben verstärkt durch die den Wunschsatz einleitenden Partikeln: »que, si und car«; einmal zeigt sich auch der irreale Wunschsatz als explicativer Relativsatz.

α. Ohne einleitende Partikel:

Amis 474. Et dist li rois: buer fust elle onques née. — Ant. II. 226,7. Baron, dist-il a eus, buer fussiés onques né! Par. 11,2, Ren. 22,38, — Cygne 2679 ff. Bielle, dist Hélyas, à bien fussiés-vous née, Bien devés ientre à moy, chier vous ay accatée. — Jourd. 1022 ...... Li fiuls Girart, mar fuissez onques nés! — Viv. 1562 ff. Dex por quoi vif, que je ne sui morant, En cele joie que désirre tant Fust la moie ame avec les innocenz! — ib 1801 ff. Va-tu, mal fussez onques nez, Honiz soit-il qui vos a engendré! etc.

Der Inhalt des irrealen Wunsches wird in einem abhängigen Satze ausgesprochen, und zwar ohne einleitende Verstärkung des Hauptsatzes.

Avign. 16,13. Pléust au roi des ciex et sa mere Marie Que je fusse por vous sous vo targe florie! Alisc. 133,26, — Baud I. 218,26 ff. Pléust à Dieu de gloire, le roy de Bethléant, Que chains le tenisse, en che chastel luisant! — Berte 141,7. Pléust Dieu que le fusse, j'en aroie grant joie! — So: Cygne 3203, 3210, 3410, 4401, 34111, Capt. 84,24, 116,15, 146,15, K. Reise. 405, etc.

β. Der Wunschsatz wird verstärkt durch einleitende Partikeln:

β 1. durch die Partikel »que«:

Amis 1228. Oiez seignor, que buer fussiez vos nés. Cygne 25530 ...., que mal fust-elle née! — Alisc. 243,12 ff. Verrai com ses tes armes menoier Et ton ceval conduire et eslaissier Que vous véisse cest espie abaissier. — Gaufr. 70,30. Hé! que pléust Mahom que resuscitissiés!

β 2. **durch die Partikel »si«:**

Amis 607 ff. Li cuens Amiles fu moult gentiz et ber, S'il se poïst de Hardré delivrer. — Gui N. 76,7. Moult sunt bon chevalier, s'an Deu fussent créant! — Jerus 4573. Or s'en vont tot ensanble, si les conduist malfés! — Paris 16,21. Bien resamble preudome, s'il aüst leiauté! — Rol. 3164. Deus! quel baron, s'oüst chrestientet!

β 3. **durch die Partikel »car«:**

Aubr. 15,20. Por dieu de gloire, et*) car me creissies! — K. Reise 327. Car la tenisse en France, e Bertrans si i fusset, A pels e a martels sereit (ja) escansue! — Ross. 366,31. Dex! ce dist li reis, quar fust-il taux! — Girb. Rom. Stud. I. 458,21 ff. E dist Gibers: Il l'auoit deserui. Car fuissent ores tuit li autre ensi!

Der Inhalt des durch »car« eingeleiteten, irrealen Wunschsatzes wird durch einen Nebensatz ausgesprochen.

Buev. 3689 ff. Car plenst à celui en cui il sont creant Qu'il fussent nostre ami toujours à remanant, Car moult samblent bien estre en tous bien entendant. — Orenge 564 ff. Quar pleust Deu, qui onques ne menti, Que or fust ci Bertrans li palazins . . . ., So: Huon 230,23, Jourd. 412, Mort G. 117,3, 132,21 ff.. Saisn. 215,1, etc.

Um dem Wunsche eine noch stärkere Kraft zu verleihen, zeigt sich auch in einzelnen Beispielen das Nebeneinanderauftreten mehrerer einleitender Partikeln, indem dem optativischen »or« noch eine andere Partikel z. B. »que« oder »car« vorgesetzt ist.**)

Gar. II. 140,11. Diex! qu'or n'i fust dus Begues de Belin! — Huon 156,6 ff. C'or fust il ore à Paris le chité, A Karlemaine qui est rois couronés! — Gaufr. 147,3 ff. Que pléust ore à Dieu le roi de majesté Que le roi Kallemaines le vous éust donné! — Gui B. 30,22 ff. C'or pléust ore à Dieu qui Longis fist pardon Que fuissiés en France, à Paris, sa maison, ..., — »Car . . . . . or« finden wir ähnlich verwendet:

Alisc. 56,20. Sainte Marie, roïne coronée, Car fuise jou or morte et enterrée! — Ant. II. 231,20 ff. Car pleust or à Dieu qui en crois fu penés Li pules d'Orient i fust tous dessamblés! — Buev. 1668 ff. Vrais Diex, et car fust ore chascuns de nous armés, Si nous venderiens chiers as paiens desfaés, Miex vorroie morir k'estre emprisonnés. ib. 1853 ff., Looys 1538 ff., Gaufr. 192,2, — Main. III. 2. Et respont Galiiene: Car fust il ore voirs! etc.

γ. Als explicativer Relativsatz zeigt sich der irreale Wunschsatz in:

Aquin 663. Aiquin desrenge, que Dieu peüst maudir!

---

*) cfr. pg. 8 unten.
**) cfr. Diez III⁴ 213 Anm.

d. Der Conjunctiv in den unabhängigen Aufforderungssätzen.

α. Die Aufforderung ist gerichtet an die **redende** Person. Solche Selbstaufforderungen sind:

Gar. I. 12,1. Diex, dist la dame, toi puisse mercier. — Ren. 230,23. Hé Dex! ce dist Ogiers, toi en puisse aorer, — Aubr. 98,2. Dist li Borgoins: dieus en soit aoures. (scil. »de moi«). So: Fierab. 32,20, 100,3, Looys 1396, Orenge 163, Saisn. 250,1, Viv. 670, Alisc. 219,28, Gui B. 63,11, Huon 310,19, Ren. 123,1, Jerus. 741, Gui N. 78,4, Raoul 23,7, Baud. I. 134,12, Moniag. 823, ib. 2238, Gaufr. 241,7, 242,13, 305,32, — Ant. I. 10,1. Il créi bien en Dieu, il en soit graciés. So: Looys 2198. Gui N. 47,13, Huon 13,12, 23,1, Raoul 87,14, Rol. 698, — Ogier 4865. Dex! dist li rois, tu soies aorés! So: Fierab. 85,8, 86,15, 184,11, Jerus 2338, Floov. 15,19, 76,5, Main VI. 49, Saisn. I. 174,1. — Looys 59. Pères de gloire, tu soies mercié, ib. 1271 etc.

β. Die Aufforderung richtet sich an die **angeredete** Person.

β 1. Die angeredete Person ist **Subject**:

Von den hierher zu rechnenden imperativischen Conjunctiven kommen zunächst in Betracht die bei Diez II [4] 253 erwähnten Imperativformen der Verben »avoir, estre, savoir und vouloir«. Einige andere Beispiele, in welchen ebenfalls, allerdings als seltene Ausnahme, Imperativformen dem Conjunctiv entlehnt werden, mögen später zur Betrachtung gelangen. »Or«, »car« oder »si«, als einleitende, verstärkende Partikeln, treten gern an die Spitze dieser unabhängigen Aufforderungssätze. Da die Beispiele sich ziemlich häufig wiederholen, so werde ich des Raumes wegen nur die Belegstellen citiren:

»**aies**«: Gui B. 42,15. N'aies mie paor, tu es à sauvreté. Aiol. 169. ff. N'aies cure d'autrui feme enamer, Car chou est uns pechies que dex mout het; Fierab. 131,2. Glorius sire pere, aies de moi pité. Rome 1194 etc.

»**aiez**«: Berte 28,10 ff. Sire, ce dist Aliste, or n'aiez jà pensée Que par ceste fust onques traïson pourparlée, Baud I. 377,29. Je ne cuidoie pas, jà n'en aïés doubtance, C'on armast aussi bien le teste que le panche. Jourd. 82, 2745, 3945. Buev. 2748, Otin. 29,4, Ant. I. 46,13, II. 24,2, 211,5, Doon 190,3, Jerus 8054. Cygne 1904, Allisc. 15,4, Huon 261,20, 285,15 etc.

»**soies**«: Aiol. 3044 ff. Che sont II. parteures, de tex n'est plus, A qui que auoirs faille, soies seürs. Fierab. 23,7. Une riens te dirai, si en soies tous fis etc.

»**soiez**«: Jourd. 1234. Or tost seigneur soiez les secorrant! ib. 4183 ff. Se n'alez là, de ce soiez bien fiz Perdu avez le roiaume à touz dis, ... , Berte 75,4, Buev. 78, 1001 ff., 2747, Cygne 3493, Doon 232,8, Gar. II. 30,8, Gui N. 93,13 ff., Gaufr. 2,29, 9,8, 10,19, Fierab. 165,33, Paris 11,18, Raoul

229,5, 319,9, 330,7, Mac. 147, 3052, 3479, Pampl. 4699, Saisn. I. 41,12, 86,5, ib. 128,5, 165,6 etc.

»saches«: Avign. 19,6 ff. Fai lai ysnelement, je le te lo, Garnier, Et se tu ce ne fais, saches sans mençongier, Jo te forfendrai ....., Aiol 173, ib. 1743, 1781, 1786, Buev. 890, Doon 9,4, 191,24, Fierab. 15,7, 165,36, Huon 153,19, Jerus. 6527, Mac. 2864, Ren. 6,35. Saisn. I. 162,10 etc.

»sachiez«: Huon 164,5 ff. Mais saciés bien, se Diex me doinst sancté, Ma cançon tost nous ferai definer. So: ib. 122,26, 284,19, Amis 534, 3274, Aubr. 34,8, 32,11. 199,12, Ant. I. 190,9, II. 158,15, Aquin. 353, 394, 2018, Baud. I. 54,1, II. 64,18, 133,1, 236,5, Buev. 124, 717, 904, 2713, Berte 43,4, 173,11, ib. 177,13, Berta 218, Capt. 144,14, Cygne 675, 699, 1756. 4683, 16673, 25670, Doon 57,18, 245,5, Floov. 33,25, 36,12, 57,29, Gaufr. 69,12, 70,19, 93,8, ib. 220,10, Gar. II. 50,10, 191,2, 218,16, Gui B. 80,13, Gui N. 95,20, Jourd, 272, 845, Jerus. 439 ff., Mort G. 59,20, 116,3, Pampl. 498, Raoul 11,20, ib. 327,3, 322,19, 322,25, Ren. 3,9, 4,3, 344,9, 434,27, Viane 1948, 3292 etc.

»veuilliez«: Dieser imperativische Conjunctiv findet sich nur als umschreibende Form:

Aquin 2279 ff. Où est la chartre? ne me veillez celer, Où Aiquin a nos gens enprinsonnez? — Berte 62,8. Or me veuillez, dous sire, de cest péril jeter, — ib. 58,6 ff., Baud. I. 55,23, Lors dist au castellain: Voelliez moi escouter, ib. I. 255,3, 278,14, 345,1, II. 177,1, 298,35, Capt. 81,5, Cygne 3492, 4775, ib. 15828 etc.

Was die Form **savez** anbetrifft, so ist in Gaufr. 58,11 ff. »La puchele s'en torne s'a encontré Lion Qui apportoit asses pain et vin et poisson: Amis dist la puchele, savez que nous feron: Je m'en vois u palès, pensés de che baron« an Stelle des Doppelpunktes hinter »feron« ein Fragezeichen zu setzen, und der Satz ist somit seines imperativischen Characters entkleidet.

In Aiol 479. Bien saues que uales ne cescuiers Ne doit aporter armes. c'est cheualiers«, und Girb. Rom. Stud. I. 445,5. »Vos estes chies vos, bien le saueis« ist »saves« wohl überhaupt nicht als Imperativ sondern als In dicativ (= ihr wisst doch wohl . . .) aufzufassen. ———

Einige noch als echt zu verzeichnende **imperativische Conjunctive** von anderen als den zuvor genannten Verben treffen wir in:

Aiol. 75. Oies boine canchon de meruelos barnage! — Aquin 1914 ff. Einz que l'an en puisse estre passez J facez voz vertuz et demonstrez, Apertement voz vertuz y facez! — Baud. II. 187,28 ff. Alés à li parler, n'en soiés plus tenus, Et d'aucus biaus parlers et amoureux salus Fachiés à la royne. — K. Reise 681 ff. E at dit as Franceis: Pas ne vus esmaïez, Devant le rei Hugun al palais en vengiez. — Looys 2450 ff. Et tu en praignes aussi a ton talant, Cil qui vaintra, qu'il ait tot son créant. — Ren. 4,8. Por l'amur Deu de gloire, laisies tes maus penses etc.

Neben der bereits erwähnten Umschreibung des Imperativs durch »vouloir« findet sich auch, besonders in den franco-italienischen Denkmälern, eine ähnliche Umschreibung vermittelst des Verbums »d e v o i r« : *)

Berta 706 ff. Segnur fait ella ne vos doia noier, Prendés la dame a ves justisier Et sana e salva vu la diça'mener A son segnor qe l'oit adesion. — Mac. 51 ff. Tosto da moi vos deçà desevrer. E ben vos guardés de uncha mais parler, de ces paroles à moi derasner. — ib. 664 ff. Albaris sire: alez vos pariler, Cun la raine el vos convent aler, Et in tal lois vu la deçà [mener, Tant qu'ela soia fora de mon terer.

β 2. Die angeredete Person ist O b j e c t eines unpersönlichen Verbums :

Aubr. 32,18. Souaigne vos, s'onques fustes armes, — Aquin 708 ff. Vous soupviengne ou fut grant la bergaigne Contre Roland qui fut mort en Espaigne, — Baud. II. 117,5. Souviègne-vous de moi, pour Dieu si empriés, ... — Gaufr. 177,12 ff. Se tu es en peril, souviengne toi de mi, Et garde sus tes iex ne me met en oubli: — ib. 226,28 ff. Et la dame li prie: Fix de moi te souviengne, pour Dieu le roi amant. — ib. 248,9. Robastre, or te souviengne que m'apelas maufé! — Paris 16,10 ff. Et après li a dit com ja oïr porrez: Miles frans chevalier, sovigne vos de Dé!

Hierher gehören auch die Entschuldigungsphrasen: »n e, v o s p o i s t«, »n e v o s a n u i t«, etc.

Amis 620 ff. Ce dist li cuens: ne voz poist, douce amie, Si maït Dex, au cuer en ai grant ire, — Ant. II. 3 ff. Sire, or ne vous poist mie ne soiés esmaris, J'en irai conseil querre à nos barons eslis. — Aiol. 2529 ff. Vostre merchi, biaus sire, Loeys rois, Les cheuaus prendrai jo, mes nes uous poist, Quand boinement m'aves fait cest otroi. — Raoul 168,20. Non ferai oncles, ne vos en poist il mie. — Gaufr. 251,26. Ele a dit à Maprin: Or ne vous ennuit mie, Je me vois reposer en ma chambre serie etc.

γ. Die Aufforderung bezieht sich auf eine Handlung, welche in der Sphäre der angeredeten Person liegt: **)

Ant. I. 286,5. Signor, or ascoutés, n'i ait noise mené. — Aquin 1713. Sont nos genz vifs? ne me soit pas celé. Paris 84,1, Fierab. 4,27, 88,2, — Aquin 1719 ff. Lors luy a dist: Sire mercy pour Dé! Laisez le deul, ja plus ne soit mené. — Berte 36,16 ff. Belle, fuiez vous en, n'i soit plus délaié, Fierab. 13,2, 13,8, Jourd. 4151, Huon 50,9, Looys 625, Par. 82,22, — Main. I. 22. Cés-tu qu'est devenus? n'i soit de mot menti. Gar. II. 113,5, — ib. IV. 3 ff. Quant Morans de Turfie lor a dit et rouvé: Seignour, frans chevalier, n'i ait plus doulousé. — Viv. 384. Mandez secors, n'i ait règne tenue etc.

---

*) cfr. Mussafia, Einl. z. Macaire pg. 14.
**) cfr. Bischoff pg. 15.

δ. In Aufforderungen an eine Mehrzahl von Personen, zu denen der Redende sich selbst mit rechnet, steht der Regel nach der Imperativ, ausgenommen sind die Verben »avoir, estre, vouloir, savoir«, die auch in diesem Falle ihre Formen dem Conjunctiv entnehmen. Beispiele dieser Art sind überaus häufig, als Probe mögen nur erwähnt sein:

Huon 177,15. Mais puis qu'est mors, or le laissons ester, — Jourd. 459 ff. Reniers parole, à Erembroc a dit: Car faisons pais por nos vies garir De ceste chartre où à tort sommez mis, etc.

Dagegen:

Ant. I. 36,3. Seigneur, franc crestien, soion tout compaignon, ... — Rome 1074. Tant que poons durer, ci soions areste, — Raoul 258,25 ff. Plus hautement doner ne la poons, Et bien saichons que ill est jentix hons, etc.

Auffallend könnten Formen sein wie: »Laissions, priions, aidions etc.« Wir haben hier aber nicht das spätere »i« des Conjunctives zu suchen, sondern es findet sich dies »i« bereits im Infinitive und beruht auf dem bekannten Vorgange, dass betontes lateinisches »a« unter bestimmten Lautgesetzen im Französischen zu »ie« wird.

ε. Die Aufforderung ist gerichtet an eine dritte Person;
α. ohne einleitende Partikel:

Aubr. 34,11. Bien soit la ville et li chastiax gardes, Et cil dehors facent leur volontés. — Ant. II. 211,5. Baron, aiés les cuers adurés et entiers, Et soit hui mais chascuns Dame Dieu soudoiers. Fierab. 107,4, Jerus. 2038, Raoul 170,17, Ogier 4794, Ren. 78,6, 78,25, 100,35, 223,34, Saisn. I. 87,1, — Gaufr. 15,1 ff. Segnors frans chevaliers, ne vous esmaiés ja, Mez chascun prengne cuer, que Dieu nous aidera. — K. Reise 541 ff. Voluntiers, dist li coens, quant vus le m'otreiez. Prenget li reis espees de tuz les chevaliers, Facet les enterer entresk'as helz d'or mier Ke les puintes en seient cuntremuut vers le ciel. ib. 494 ff., 567 ff., — Looys 2250. Touz ceus qui servent as poures seignorez Vieignent à moi, ge lor dorrai assez . . . . ., — Rol. 1258. Ferez, Franceis, nul de vus ne s'ublit. — Rome 513. Qui bon conseil saura vienge avant si nous die, etc.

β. Die Aufforderung wird verstärkt durch eine den Satz einleitende Partikel:

β1. durch »or«:

Cygne 1883. Or se voist Mauquaré à son pooir gardant, de la dame n'ara ne secours ne garant. — Sui B. 8,23. Or s'en revoist chascuns arriere en son regné Et si face . . . ., Raoul 76,21. Or li varlet et li franc esquier Voist chascuns aprester son destrier.

β 2. durch «si»:

Jourd. 2720. Mais qui voldra son cors garir de mort, Si preigne cuer ....., Otin. 1,1. Qui voust (=veut) oïr chancon de biau semblant, Si face paiz, si se traie en avant, ...

β 3. durch »que«.

Huon 120,25 ff. ... Que s'il i a ne fol ne menestrel Ne lecéour qui n'aient cà loïer, Qu'il viegnent tot mangier à mon ostel. ib. 121,30, — Looys 1609. Qui veult avoir gaaignier et conquerre, Qu'il viegne à moi, que noise ne soit faite.

Den unter γ angeführten Beispielen entsprechen für diese Rubrik:

Mac. 1558 ff. Et s'elo l'oit trové en nul pecé, A moi l'envoie, non sia entardé, — Rome 1071. Chescun or se confesse, ne soit pechies celes, ...

Anmerkungsweise mag auch noch erwähnt werden, dass bei einer milderen Ausdrucksweise der Aufforderung der Altfranzose sich des **Indicativs Futuri** bediente, wie in:

Amis 2308 ff. Fiz, g'en irai, mais or ne sai quant c'iert. Voz remanrez, si serez chevaliers, Si garderez vos honors et vos fiez. — ib. 2456. Baron, dist il, a Rome m'en menrez A mon parrin qui a non Isorez. etc.

So auch bei dem so häufig wiederkehrenden »**ja mar le mescrerrés**« = n'en doutez point.

---

e. Der Conjunctiv in unabhängigen Einräumungssätzen.

Aubr. 233,26 Pardones li, se il est a uo bon, Et il deuigne par loiaute uos hom, — ib. 50,28. Et cil respondent, si soit com uos agree. — ib. 71,14, ib. 71,25, Avign. 26,2, 26,13, 60,32, 110,32, — Aubr. 234,16, Ant. I. 258,13, Baud I. 60,15, Berte 178,17, Buev. 710, Gaufr. 77,9, 183,19, 217,3, 294,8, Ogier 38,40, Rome 905, Ren. 76,32, Rol 606, — Ant. II. 83.16 Puis si reviegne à nous, se il puet repasser. — Capt. 198,2. Or aviengne que viengne, ester fault ensement. Pampl. 728, 636 ff. -- Gar. II. 102,10. Vengne li rois acquiter son païs, Ou, se ce non, il en sera honis. Fierab. 9,30 ff., — Jourd, 86. Seignor, fait il, s'il vos plaist, si m'oiez. — Mac. 1487. Dist li rois: Soia al voloir de Dé! ib 1263. Dist la raine: Soia à li ves coment! So: ib. 1393, Mong. 2828, Berta 367, ib. 392, Mac. 1322 ff. — Ogier 4542 ff. Qui vencus iert, si soit deshonorés, Et qui vaincra s'en ait les herités. 4581 ff., ib. 5276, — Raoul 226,23. Soit qui vous pregne, je sui près de donner. Rol. 390. Seit ke l'ociet, tute pais pois avrumes, — ib. 424. Respunt Marsilies: Or diet, nus l'orrum ; — ib. 519. Deus, se lui plaist, à bien le vos mercie. — ib. 2004. Jo ne vos vei: veied vus damne

---

*) Ueber «mar» vgl. Bischoff a. a. O. pg. 12, — Diez III[4] 283. Anm.

Deu! Viv. 1810, — Ross. 392,24 ff. Et a dit à Folcon: Çai encoltaz: Que il
que voille, si prenge ou guerre ou paz. etc.

Häufig findet sich der Conjunctiv bei unabhängigen Einräumungssätzen, wo zwei sich antithetisch gegenübergestellte Concessivsätze zur Verwendung kommen, eingeleitet durch »soit-soit«, »soit-ou« (wo nach dem »ou« ein »soit« im Sinne zu ergänzen ist), »veuille ou non« etc.*) Belege für derartige Beispiele finden wir in:

Aubr. 103,8. Il prent les armes, soit sauoirs ou folie. So: Ogier 5465,
Saism. I. 176,8, Berte 5,13, — Alisc 34,33. Soit à julse ou en aige ou en feu,...
Cygne 128, 514, - - Aquin 2022 ff. Soit roy ou prince de grant terre chase,
Ou arcevesque, ou ....., — Baud I.52,23 .... fust de tort ou de droit. —
Rol. 1729. U pris u mort i fust li reis Marsilie. — Ren. 276,26. Puis mont sur
l'eschiele, u lait li fust u be!. etc.

Ueberaus häufig findet sich die Gegenüberstellung vermittelst »voeille ou non«:

Avign. 3513. Ou il veillent ou non, les ont ens enbatu. So: Alisc. 12,29,
ib. 212,16, Aubr. 90,12, Baud. I. 215,10, II. 234,2, Cygne 79,2863, 4706, Doon 1817,
ib. 290,5, Gar. I. 30,11, 230,6, Jerus, 6247, Huon 223,8, 173,7, Mac. 385, 864, Par.
32,13, Rol. 1419, 16,25, 2168, 2043, 2220, 3169. etc.

Auch in verallgemeinernder Bedeutung zeigt sich der unabhängige Einräumungssatz mit dem Conjunctive; eingeleitet wird in solchem Falle der Satz durch das den Inhalt verallgemeinernde »tant« resp. »si«: **)

α. der Einräumungssatz ist eingeleitet durch »tant«:

Aubr. 14,10. Il ne se muet, tant soit poins ne brochies, Ne que s'il fust de
III. cordes lies. — ib. 17,15. Je ne truis home, tant soit ne doz ne pris, Que de
sa tere ne soie fors banis, —ib 226,16 ff. N'i a I. seul, tant soit enparentes, Se
por moi monte contremont les degres Que au descendre ne soie ses priues.
— Ant. I. 243,13 ff. Onques n'i ot baron tant fust poesteis Que de ce ne fust
moult merveille espoentis. Alisc. 251,4, — Baud I. 22.2 ff. Belle, ce dist li
Roys, si sagement parlez, Qu'ains femme ne dist chou, tant fust viex ses aez.
So: Capt. 146,20. Cygne 2315, Doon 153,2, Fierab. 2,1, 5,23, 17,32, 29,11, Gui
B. 104.8, Gui N. 18,12, Huon 32.21, K. Reise 454,475, Looys 402, 1938, 1995,
ib. 1653, Main. II. 59, Ogier 197, 1383, Ren. 8,9, 155,30, Sais. I. 10,9, Viv. 26,
Viane 1582, 3173, etc.

β. Der verallgemeinernde Einräumungssatz ist eingeleitet durch »si«:

---
*) cfr. E. Mätzner, franz. Gramm. 201,2.
**) cfr. Diez III⁴ 363 ; — Tobler in seinem Lexikon zu den «afz Mittheilungen» unter «tant;» — Bischoff a. a. O. pg. 23,

Tobler in seinem lexikalischen Anhange zu den französischen »Mittheilungen« führt als hierhin gehörend ein Beispiel aus der »Chanson d'Auberi« an:

Aubr. 111,23 ff. Blanchart aurai o les daugies costes, V'ostre destrier, si en aies mau[s] gres.

Ein hübsches Beispiel für diesen Gebrauch von »si« citirt Bischoff in seiner Abhandlung über den Conjunctiv bei Chrestien:

Percev. 913. Lors oïssiés et cris et plour, Qu'il n'est hom, si dur cuer eüst, S'il le veïst, dolans ne fust.

So viel über die Verwendung des Conjunctives in den unabhängigen Wunschsätzen. Wir gehen nun über zu dem zweiten Theile unseres ersten Abschnittes, wo die Verwendung des Conjunctives in den abhängigen Wunschsätzen betrachtet werden wird.

A. II. Der Conjunctiv in abhängigen Wunschsätzen.

a. In Wunschsätzen im engeren Sinne.

Solche verbale Ausdrücke des Wunsches sind:

1. **Vouloir:** Aubr. 107,29. Autresi nueil, se je uous ai mate, Que je m'en puisse raler a sauete. So: ib. 73,20, 126,16, (ohne que); 136,20, 220,8. Alisc. 47,16, 168,8, Ant. I. 17,6, II. 162,6. Avign. 107,15, 107,26. Amis. 2359, Berte 29,9. 45,5, 97,18, 138,19, Baud. I. 52,29, 113,14, 201,14, ib. 204,16, 352,22, 351,4, II. 126,23, 243,18, 427,7. Berta 404, 431, 632, Cygne 278, 399, 1066, 1565, 3367, 16987, 18191, 33999. Charr. 371, 1092, Buev. 2055, 2118, 2122, Capt. 40,11, 65,1, Doon 251,11, 287,9. Fierab. 90,8, 120,22 ff. Gaufr. 176,21, 180,33, 241,10. Gorm. 35, 82,*) 158. Gui B. 6,28, 8,20, 40,18. Huon 43,11, 45,5, 223,12, 245,20. Gar. II. 201,17, 201,21. Jourd. 966 ff., 3648 ff. Looys 1738, 1767. Mac. 74, 304, 949, ib. 1119, 3166. Mong. 742, 61. Mort G. 29,15, 11,18. Ogier 147, 4072. Paris 37,1. Pampl. 2239, 2522, 4061. Rol. 1027, 2361, 2438, 3623. Raoul 86,15 ff., 88,25, 143,8, 169,20. Rome 625, 1205. Ren. 163,4, 334,10. Ross. 323,23, 366,32. Viane 984, 1705, 2000, 2203, 3211, etc.

Im Anschluss hieran mögen die comparativen Wunschsätze angeführt werden, die im Altfranzösischen durch »voloir mielz.... que....«, »aimer mielz....que....«, »ains....que....« und ähnliche Ausdrücke eingeleitet werden und unserem deutschen:

---

*) Gorm. 82. Ne voil que ja uns hols s'en vante. «Vante» (eigentl. = «vant») befindet sich in einer weiblichen Assonanz als Reimwort und ist vom Herausgeber, als dichterische Licenz entschuldigt, stehen gelassen.

»Ich möchte lieber.... als....«, »eher... als....«
entsprechen.*)

α. Der Comparativsatz ist eingeleitet durch »**vouloir mielz
.... que**«:

Alisc. 19,12. Miex vuel morir Ke une fois n'i fiere. ib. 37,23, 64,34, — Aquin 1302 ff. ..... Qui mielx vouldroient estre penduz o hart Que ou chantel eussent Brentons de part. Ant. I. 201,15, — Aubr. 62,23. Mieus vuel morir, que soies afoles. ib. 136,17, — Avign. 9,30. Miex voulons tous jors perdre que Karles soit ocis. ib. 10.12 ff., — Berte 156,2 ff. Miex voudroie estre mort, se ne soie dampnée, Que de son pucelage l'éussiez desrobés; — Cygne 14967. Mieux vobroie morir que de ma bouche die Cose dont vous ayés vostre ciete marie, — So: Fierab. 5,27, 97,11, Jerus. 2345, 6151, Ogier 4706, 4930, ib. 4943, 5760, Orenge 353, Rol. 1091, 1701, 1846, 2326, 2738, 3909, Ross. 28626, 379,25 etc.

Ohne vergleichendes que:

Ogier 1274. Mix voil morir ne me voise vengier. Gar. I. 40,14. Mieus vouroie estre traïnes à roncins, Ne me vengasse dou Loherenc Garin ... ib. II. 86,3, Raoul 225,14. etc.

β. Durch »**aimer mielz .... que**«: Baud. I. 275,16 ff. Car j'ameroïe miex de morir, à doulour, Que Gaufroi tenissiens jammais à no signour. ib. II. 241,8, — Buev. 124 ff. Sachiez k'en la quintaine moult miex à ferir aim Que on peüst de nous dire mauvais reclaim. Berte 20,5, 89,9, — Capt. 40,10. J'aime mieux a morir que vangance n'en prengne. ib. 194,10 ff. — Cygne 4446 ff. J'ams trop mieulx qu'elle soit en feu arse et bruie, Qu'ele soit en la main de la gent baptisie. Doon 218,30, 276,17, — Jerus. 6338 ff. Chertes mex ameroie tos estre desmembrés, Que mais i fust Diauble servis ne honéres. Pampl. 1917 etc.

Ein »vouloir« oder »aimer« ist zu ergänzen in:

Ant. I. 244,20 ff. »Miex fussent au Sepulcre devant l'autel assis, Ouc là eu fust diables honorés et servis.« (= miex volussent estre ....)

γ. Durch: »**mielz lairroie ...... que ......**«, wo lairroie elliptisch an Stelle von volroie laissier verwendet ist:

Gar. I. 8,3 ff. Mieus se lairroit traïner à roncins, Que ja i mete vaillant deus Angevins. — ib. II. 80,5 ff. Mieus se lairoient tous les membres tollir Qu'il m'osaissent à nul jor envair. Paris 44,15.

δ. Durch: »**mielz vaut que .... que ...** «: Cygne 513 ff. Mieux vaut que vous m'alés le cose devisant, ... C'uns aultres le m'alast premierement non chant. ib. 4855. Mieus vault c'au povre soit k'au kien habandonés. — Gar. II. 201,12 ff. Ancor vaut mieux que fussent lor plaisir Que ce qu'il fuissent léans à force pris.

---

*) Dies vergleichende »que« steht für »que que« = »que ce que«, cfr. Gar. II. 201,12 ff. verzeichnet sub. *δ.* —

s. Durch »**ainz** . . . . **que**«:*) Avign. 19,2 ff. Je li dorrai einçois de besanz I. sestier Que ne le pardoint s'ire à petit de targier . . . . . ., ib. 41,3 ff., Aubr. 39,4, 151,8, — Aquin 1284 ff. Ains y seron occis et confondu Que en saiez seisis ne revestus! — ib. 1635 ff. Ainz y mouron que soïon recreant, Ne que de riens nous augeon fouyant! (augeon = 1. pers. pl. conj. praes. v. »aller«), — Baud. I. 347,11 ff. Car enchois me laroie tous les membres coper qu'il me fausist Jhésu renoier, né dosser: Charr. 1308 ff., Jerus. 1555, Ogier 1379, — Gui B. 110,33 ff. Je me leroie einçois giter en fu ardant Que créisse en celui que penerent tyrant. ib. 120,11 ff., Raoul 480,9, Rol. 321 etc.

Ohne que: Raoul 12,10. Ains me lairoie toz les membres colper, Mon neveu faille tant com puisse véer.

Durch »**avant que**« eingeleitet sind:

Berta 1093 ff. Avant me lassaria esere sbanoié E pasaroie oltra la mer salé Qe in ma mason fose de ren violé, S'elo non fose ben por soa volunté. — Pampl. 654 ff. Car avant veul je estre oucis da lu ao presant Che je soie jamais à un ceitis roi servant.

Schliesslich ist den vielen Beispielen mit »vouloir mielz que . . . . que . . . .« etc. noch eins an die Seite zu stellen, das durch »**avoir plus chier que** . . . . . **que** . . . . .« eingeleitet ist; der Inhalt ist den früher erwähnten Beispielen ganz entsprechend.

Raoul 310,20 ff. Plus chier ai-je que l'ai decopé Que il m'éusent ocis ne afolet.

———

2. »**avoir vouloir**«: Berte 81,11 ff. Berte, ce dist Constance, or n'est-il riens que j'aie Ne soit a vo plaisir, n'ai vouloir qu'en retraie.

3. »**avoir talent**«: Avign. 109,15. Ja n'emmerai Mahon, n'ai talant que la serve. — Ant. II. 120,2. Li dus plore et gamente, n'a talent que il rie. ib. II. 156,8, Aquin 3015, Aubr. 235,24, Berte 43,4, 117,1, 161,17, Mac. 225, Buev. 332, 2584 ff., 2784, Mong. 6219, 6278, Ogier 5616, Rol. 3133, 3476, 3681, Buev. 412, ib. 2723 etc.

4. »**avoir en talent**«: Amis 3538 ff. Ami counut au vis et au harnais An talent ot maintenant qu'il le baist, ... Looys 128. En talent ot qu'il li copast le chief.

5. »**estre la volonté de aucun**«: Cygne 29333 ff. Mais ja d'ame n'aray à femme n'à amie, Se n'est sa volentés, qu'elly y soit oblegie.

6. »**estre entalenté**«: Buev. 1978. Bien sont entalenté qu'il soit griément vengiés.

7. »**desirer**«: Alisc. 250,1 ff. . . . . Li fait grant joie, car molt l'a desiré k'il péust faire d'ele sa volenté. Buev. 2678 ff. Lors desira tantost k'eüst Mahom guerpi Et que Gerart eüst à per et à mari. ib. 3800 ff., Cygne 34072, Gui B.

———

*) Vgl. »Mielz me lairoie toz les membres coper, Que . . . . .«, Paris 44,15 und: »Ains me lairoie toz les membres ardoir, Que . . . . . .«, Ogier 1379.

122,26 (ohne que), Gui N. 62,2, Gar. I. 275, 22, Huon 51,25, 148,13, 271,5 ff., Berte 1,3 etc.

8. »**estre desirans**«: Amis 3274 ff. Sachiez por voir, que moult sui desirrans, Que Lubiax qui a les iex rians, Aille véoir et Girart mon anfant, Cygne 9461 ff. Quant Godefrois le vit, sy fu moult désirans Qu'il le péuist avoir, sans iestre trop pierdant. ib 27232 ff., Jerus. 2026 ff.

9. »**estre en desir**«: Berte 22,5 ff. . . . . . Moult fu en grant desir Qu'à sa cousine puist hastivement venir. Jourd. 967. Por quoi d'esmuerre sui en grant desirrer Qu'encores la revoie.

10. »**souhaider**«: Huon 104,26 ff. Se jou m'i veul souhaïdier en nom Dé, Que jou n'i soie tant à me volonté. ib. 303,22 ff. Puis souhaida li fer fuissent osté Lui et sa femme et Geraume le ber, (ohne que), ib. 308,2 (ohne que), 308,16.

11. »**atendre**«: Cygne 5900 ff. Et pourtant qu'il vous voit traveilliés et penés, Attendre ne poet pas que soyés reposes. — Gar. II, 254,9. Et atendoient chevaliers les feïst (ohne que). - Pampl. 819 ff. E quand furent desis, contre lour fu venu Le vailant Jnoriés, que estoit zausié e vestu, E atendoit qu'il levast le faus roi mescreü. Achnl. Buev. 1082 ff. (béer).

12. »**n'avoir cuer**«: Ant. I. 157,13. Quant le voit Solimans, n'a cuer que il se fraigne, ...

13. »**venir en cuer**«: Paris 8,26 ff. . . . . . . Que onques ne m'an vient an cuer ne an panser Que fusse murtrerise de nul ome charnel De Buevon ne d'autrui qui fust de mere né, (ne me vient an panser).

14. »**venir en penser**« Paris 8,25 ff. cfr. Nr. 13.

15. »**estre li grés de aucun**«: Cygne 1066 ff. Dittes-ly que je voel, et que ch'est li miens grés, Qu'il die à son filuel le lieu ù il fu nés, ...

16. »**venir en gré**«: Alisc. 37,9 ff. Dist Aerofles: Ne me vient pas en gré ke paiens croie la sainte Trinité, . . . Aquin 2703 ff. . . . . . Et moy mesmez se il vous vient à gré, Que ge ne saye noyé ne tourmenté!

17. »**il me tarde**«: Mort G. 71,11 ff. Enfant, fait-il, foi que doi Deu porter, Forment me tarde que soiez adobé.

18. »**moi est tart**«; Elie 1918. Tart estoit Galopin que l'eust aprochie. Gaufr. 144,1. Moult m'est tart que je puisse vostre pere vengier.

19. »**avoir coraige**«: Jourd. 784. Je n'ai coraige, se Deu plaist, que voz faille.

20. »**plaire**«: Pampl. 3710 ff. Or voy je dist Guron qu'il pleit à Jesu Christ Che je torn à mien sire. ib. 1347 ff. So; Aubr. 140,28, 145,23, 232,10, Alisc. 133,26, Amis 297, 2354, Avign. 16,33, 41,17, Ant. II. 231,21, Berte 62,6, 141,7, 146,7, Buev. 2473, 1854, 1890, Baud. I. 218,27, Capt. 15,1, 84,25, 224,8, Charr. 1209, Cygne 3204, 3210, 3410, 10966, 27,415, 34111, Gar. I. 144,1, ib. II. 80,10, II. 163,15, 182,5, Gui B. 24,20, 30,23, 57,11, Gui N. 8,14, 12,32, Floov. 20,13, Huon 19,11, 29,3, 187,11, Jourd. 413, 520, 616, K. Reise 406, Main. III. 25, Mac. 9131, Mort G. 117,4, 132,22 Otin. 231,23, Orenge 565, Looys 1122 (ohne que), 1539, Rol. 1063,1074. 3719, Rome 177, Ren. 150,33, 237,25, Paris 6608, 7172. Viane 661, 1303, 3551, 3970. etc.

In folgenden Beispielen ist nach solchen Ausdrücken des Wunsches an Stelle des Conjunctives der **Indicativ** gebraucht. Die meisten Fälle lassen sich aber leicht emendiren oder sind auf andere Weise zu erklären:

Aubr. 124,11 ff. Se je bien uueil, qu'ele quera en gin, Coment ses sire soit mors et trais a fin.

Zu emendiren sind:

Baud. II. 2,28. Je vauroie qu'il fut pendus d'un kaeignon. — Cygne 1522. Je volroie, dist-il, sire, que ce fu jà. — Huon 99,21. Miex ameroie que il fu escorciés. In sämmtlichen Beispielen ist »fu« resp. »fut« in »fust« zu ändern.

Die eigentliche Construction ist aufgegeben, und an Stelle des mit que eingeleiteten, den Conjunctiv erfordernden Satzes ist der **Imperativ** getreten in folgenden Beispielen: *)

Cygne 824. Dit vous ay bien conseil, je voel que le tenons. — Ross. 292,23 ff. Ge ne voil de m'encor c'uns m'en menaz. ib. 316,27 ff. Or voil que diaz vostre taleut, Que manderez al conte vostre escient.

(Das Futurum ist hier als mildere Form des Imperativs verwendet worden). — Viv. 422. Ge ne vueil pas que vos por moi morez. — ib. 895. Ge ne vueill mie que por moi i alez.

In: Aiol. 23 ff. Il plot a damaldieu qui onques ne menti, Que mors fu Karlemaines et a Ais enfouis, ... — Cygne 969 ff. En celle foriest fu XVI. ans en un tenant, Tant qu'il plot Ihésucris, le père roy amant, Que lychyne se furent du vivier départant, ... und ähnlichen Beispielen ist »plaire« nicht mehr im wünschenden Sinne gebraucht, sondern es ist der Inhalt des Nebensatzes bereits zur Wirklichkeit geworden.

---

b. der Conjunctiv nach den Verben resp. verbalen Ausdrücken des Fürchtens.

Wie im Neufranzösischen regieren diese Verba auch im Altfranzösischen der Regel nach den Conjunctiv, und zwar mit der halben Negation »ne« im abhängigen Satze, wenn der Hauptsatz »positiv, d. h. »nicht negirt oder fragend« gebraucht wird.

---

*) cfr. Willenberg, a. a. O. Rom. Stud. pg. 389. — Bischoff a. a. O. pg. 40.

α. Der Hauptsatz ist positiv, die Construction ist regelrecht durchgeführt:

1. «avoir paour»: Aubr. 14,5 ff. Grant paour ot qu'il ne perdent les chies, Que cil les chacent qui les cuers ont irees. ib. 51,2, Grant paour a c'on ne l'ait encuse, — Aubr. 73,21. Grant paour ai que n'i soie trais. ib. 95,1, Alisc. 180,30, Berte 33,13, — Baud I. 52,33 ff., Paor ont qu'en caude ole Il n'aient les piés cuis, ou c'on ne les décole.*) Ogier 2347, Raoul 322,15, Viane 716, 799, 1922, 3208, etc. In Floov. 33,10 ff. Paour ot dou coutel que li versauz tenoit, Que il ne l'an ferast et ociat tot froit ist »ociat« in »ociast« zu ändern. Dass die halbe Negation nicht wiederholt ist vor »ociast«, hat wohl seinen Grund darin, dass die beiden Ausdrücke »ferir« und »ocirre« einander ergänzen und hier geradezu einen Begriff bilden, indem das »ocirre« die unmittelbare Wirkung des »ferir« angiebt.

2. «avoir dout ance»: Ogier 4937 . . . . Qui doutance a q'il ne voille engignier . . . Pampl. 5355 ff. Car doutançe ont che Zarll e sa grant baronie Ne se faicent davant, . . .

3. «craindre» resp. «se craindre»: Alisc. 69,12 ff. Mais je criem molt ke il ne m'escondie, — ib. 116,13. Je me criem moult que ne puissiez aler, ib. 180,11, Doon 298,28, — Floov. 35,11, Qu'il crient que Richiers ne s'an aulast fuant. So: Gar. II. 65,7, Jerus. 6427, 7590, Ogier 959, etc.

4. «douter» resp. «se douter»: Baud. I. 262,2 ff. Je me doubte forment qu'il ne viengne dire à nous: vous retournés. ib. I. 362,30 ff., ib. II. 110,1, — Cygne 4779 ff. . . . . Qu'il se doutoit que d'iaus n'éuist encombrement. So: ib. 16922, ib. 25784, 31515, Berte 38,19, Capt. 2,22. Gar. II. 104,1, Gui N. 40,24, Huon 109,13, Mort G. 16,22, 85,18, 153,20, Ogier 4982, etc.

5. «redouter»: Avign, 29,10 ff. Tant reduta la dame qu'elle ne soit honnie Qu'ele se fiert en l'iaue en peril de martire. — Charr. 550 Forment redoutent que il ne soient pris. Cygne 4776, Gar. I. 261,14, Ren. 11,14, etc.

β. Die Construction ist regelrecht durchgeführt, aber die Conjunction »que« des abhängigen Satzes ist fortgelassen:

Alisc. 18,30. Et se i entre, je criem trop ne m'i baigne. ib. 27,7. — Aubr. 236,32 ff. Je dout paiens ne facent asanblée Por Antequin, qu'ai la teste coupée. — Berte 19,7. Paour ai ne vous tue, si me puist Diex aidier! — Charr. 1015. Ge me dot moult, ne l'aient encombré. Gaufr. 101,33. Je dout ochis ne l'aient paien et Achopart. Jerus. 3913, Ogier 1428, 1726, etc.

γ. Nach negirtem Hauptsatze steht bei den Verben des Fürchtens der Conjunctiv ohne die halbe Negation »ne«, wie im Neufranzösischen:

---

*) Die Form «décole» (: ole) ist entweder dem Reime zu Liebe gebildet, oder es ist hier, als in einem späteren Denkmale, bereits das Eindringen von «paragogischem e» anzunehmen.

Gar. I. 59,7 ff. Ne se doutoient Sarracin ne Esclon, Qu' en les péust de nules riens grever. — Viane 1986 ff. etc.

Anm. Auch nach »positiven« Ausdrücken des Fürchtens fehlt zuweilen die halbe Negation »ne«; so z. Bsp. in:
K. Reise 322. Si senz guarde remaint, criem K'ele seit perdue.

c. Der Wunsch äussert sich in einer Handlung, die auf ein Ziel hingeht.

Wir stellen unter diese Rubrik Sätze, in denen der Nebensatz den Zweck des Hauptsatzes ausdrückt, und unterscheiden ihrer Beschaffenheit nach:*)

1. Das Verbum des Hauptsatzes giebt bereits die Andeutung, dass der Hauptsatz zur Einleitung eines Zwecksatzes dient, Haupt- und Nebensatz bilden zusammen ein Ganzes.

2. Der Zwecksatz ist zum Verständniss des Ganzen nicht nothwendig, der Hauptsatz würde auch ohne den Zwecksatz Sinn haben.

Die Zwecksätze der ersteren Art können einer besseren Uebersicht wegen noch getrennt werden:

α. in solche, in denen des erstrebte Ziel ein positives ist;
β. in solche, in denen des erstrebte Ziel ein negatives ist.

1 α. Das erstrebte Ziel ist ein positives:

Ant. I. 10,6 ff. Bien deveroies faire que tu fusses vengiés De ces cuivers Juis dont si es laidengiés. — Baud. I. 280,19 ff. Et si vous mande ossi que n'alés arresté, Faites que vostre gent soient tantost armé. Aehnl. ib II. 18,5, ib. 19,14, Gaufr. 148,8, Berta 1131, Capt. 194,5, Cygne 1490, 10556, Jerus. 6667, Looys 1723, Rol. 596, Raoul 95,3, Saisn. I. 77,2, — Looys 1298 ff. Se Sarrazin se vuelent efforcier, Que il me vueillent secore et aïdier, Fuit soiez prest as lances abessier.

Hierher gehören auch die mit »doner que« eingeleiteten Sätze:

Aquin 2423 ff. Se Dieu ce donne le roy de majesté Que Charlemaine le tienge en equité, A Penthecouste y sera couronné. Avign. 10,8, Gui N. 60,15 ff., 73,6, — Berte 40,6 ff. Dame-Diex,...., Doint qu'encor leur en soit li guerredons rendus! Huon 19,16, 48,16 ff., Buev. 546 ff., Gar. I. 194,10 ff., — Cygne 1667. Royne droiturière, Qui fûtes de vo vil douche vierge portière, Donnés que ceste cose viengne à vraie lumiere ...., Reu. 224,21 ff., — — Aehnl. Baud. II. 14,13, Charr. 327, 711, Cygne 2049, 3941, Doon 166,34,

---

*) cfr. Bischoff a. a. O. pg. 32 ff.

Gar. I. 21,10, 102,17, II. 85,10, 85,15, Jerus. 28,61, Mort G. 10611, 188,17, Raoul 41,19, Viane 624, 1587 etc.

Den Schluss mögen die mit »garder que« gebildeten positiven Zwecksätze bilden, während die mit »garder que ne« gebildeten Sätze zu Nr. 1 β. gehören.

Ant. I. 113,3 ff. Gardés que al ferir soit chascuns manevis, ... ib. II. 199,6, — Aubr. 84,21 ff. Gardes qu'il soient bien richement feru, — Doon 16,29. Et gardés que la gorge li soit tantost coupée, ib. 16,31, 147,3, ib. 147,31, 312,33 ff., — Rome 443. Gardes que C. M. hommes soient mout tost armé .... ib. 730 ff, 1111, 1130, 1183, Looys 1185, Ogier 1092, Ren. 62,22, ib. 74,17, 123,4, Raoul 189,13, 318,20, Viane 528, Viv. 1147 etc.

1 β. Das erstrebte Ziel ist ein negatives:

Eingeleitet sind derartige Zwecksätze durch »garder que ne«, »defendre que ne« etc.:

Aubr. 8,10. Mais gardes bien qu'il n'i ait traison, — ib. 55,9, 57,10, ib. 138,21, Ant. I, 205,8, 262,12, II. 24,18, Aquin 794, 2932, — Baud. I. 49,6 ff. .... biau signour, je vous prie Gardez que ceste dame ne soit point atonguie, — Buev. 243. Gardez qu'il n'i ait nul, fait il, qui se desroie, ib. 2122 ff. 2620, ib. 3598, — Cygne 34131. Gardés que vous n'ayés de cel estat faily, — ib. 348. Gardés que ne le sachent nuls hons qui soit vivans, — So: Gaufr. 46,17, 53,3, 72,23, 254,17. Gar. II. 164,23. Berte 53,15, 122,13, 156,14. Huon 56,32, 194,12, Jourd. 360, Mac. 1338, Mort G. 9,18, 21,14, 80,7, 110,2, 237,13. Ogier 1060, 2767, 3634, Otin. 18,19, Rome 1, 623, 731, Viane 477, 842, 2217, ib. 3622. etc, — Aquin 2879 ff. Or me deffende ly roys de majesté, Que envers moy n'ait force ne posté! — Looys 952. Defent moi, sire, que je ne muire encor!

Die Construction ist der Regel nach durchgeführt, nur die Conjunction »que« ist ausgelassen in folgenden Beispielen:

Alisc. 216,5. Baron François, gardés n'i ait mellée, — Aquin 2465 ff. Gardez ne face nul de vous malvestié, — Ant, I. 225,19. Gardent n'issent des portes sé d'aus n'i a foison, — Aubr. 168,13. Gardes, n'i ait nule rien se bien non, ib. 244,20, — Buev. 3375, Mais gardés à vo pere ne soit qui mot en sonne, — Berte 164,7. Gardez de ceste chose ne soit nul mot sonnés, — Fierabr. 169,11. Se vous prendés Karlon, gardés n'i soit ocis, ib. 162.4. — So: Gar. I. 155,1, 268,8, II. 150,1, Gui B. 28,31, Huon 182,9, Jourd. 3912, 3938, Looys 790, 1652, 1678, 2498, Main. VI. 50, Ogier 1312, Otin 13.10, Raoul 87,10, ib. 267,14, Ren. 2,14, Ross. 384,10, 384,13, Sain. I. 155,10, Viane 1145, Viv. 1666. etc.

Der negirte Infinitiv tritt an Stelle des abhängigen Zwecksatzes in folgenden Beispielen:

Aubr. 2010. Je me ranz prins, garde, ne me touchier! — ib. 3760. Di à Fromont, garde, ne li noyer, ..., — Gui B. 28,14. Amis, comment as non? Garde nel me noier. Raoul 234,26. Viane 89. — Fierabr. 512. Garin, car me di ore, garde ne me celer, ... etc.

Beispiele dieser Art der Verwendung des negirten Infinitivs an Stelle des abhängigen Zwecksatzes finden sich sehr häufig, besonders aber sind es die Formen: »garde nel me noier« und »garde ne me celer«, die fast in allen Denkmälern zur Verwendung gekommen sind.

2. Der Zwecksatz ist nicht zum Verständniss des Ganzen nothwendig; der Hauptsatz würde auch ohne denselben verständlich sein.

α. Der Zwecksatz ist durch die Conjunction »que« eingeleitet:

Aubr. 3912 ff. Et si gardez, cist consaut soit celez, Qu'à seuls defors ne soit nus mos sonnez. — Aquin 1978. Et me lessez en ça cité entrer Que je la puisse des payens delivrer, — ib. 2663 ff. Vous pri ge, sire, le roy de majesté, Que confondez toute celle cité, Que n'en puisse vstre Sarrazins deffrayé, Ne james n'y demeurge en son sé. ib. 2017 ff., Avign. 2465, 2852, Mort G. 174.2, — Gar. I. 278,13 ff. Fossés fait faire Begons li palacins Que nus n'en puist né entrer né issir, II. 126,2 ff., — ib. II. 32,3 ff. Parmi la ville sunt li François armé Que il n'i ait traison pour-parlé. — ib. 221,14. D'or et d'argent fet chargier dix roncins, Où que il vengne que il soit bien servis, — ib. 241,10 ff. Dis mille messes ferai chanter por li ..... Que Diex de l'arme ait pitié et merci, ib. 264,13 ff., — Berte 105,13. Dame Diex nous consaut et ses santismes nons! Que nous de ceste chose bien eschaper puissons, — Huon 176,8 ff. Sainte Marie, praigne vous en pité, Roïne, dame, vostre homme secourés, Que il ne soit honneis ne vergondés ib. 230,6, — ib. 186,26, Aedier vous veul que soirés delivré, Rol. 623 ff., Aquin 574 ff., Alisc. 174,2, 185,31 ff., — Gar. II. 261,8 ff. Biaus sires dus, dist madame Aélis, Car faites crois, par devant vostre vis, Que desor vous ne soit maus anemis, Ne jà deables ne vous puisse esbaïr, — Paris 29,11 ff. Or vois (= vais) querant. I. home où je puisse ester, Que je puisse sa fille ou son fil bien garder, — Ren. 256,13 ff. Atant es vos venu les XV. compaignons Que rois Yons a tramis Renaut, le fil Aymon, Que il le secorust por Deu et por son nom etc.

β. Der Zwecksatz ist eingeleitet durch »por que« oder »por ce que«:

Jerus. 8320 ff. Devant es plains de Rames fait son tresor porter, Devant nos Crestiens et metre et aüner, Por ce que il l'alassent et carchier et trosser, — Mac. 511 ff. Por ço le fi Machario, qe mais en son viant De qüella colse ma'non deise (= lat. dixisset) niant. — ib. 841 ff. Venu estoit à la cort e si se fo monstré, Por qe la jent n'aüst mal pensé, — Pampl. 216 ff. Ains me fis sour la plaçe obarier en enfortir, Pour qu'il ne me poüst nul Paien sourvenir, — ib. 2222 ff. Car chinze mil vasaus dou marchis Blavian Gardoient li pazazes dejusque nou mont aotan, Pour ce che aucun Paien ne passant outre en vau, ib. 3599 ff., 5366 ff. etc.

Nicht Zwecksatz sondern Causalsatz ist:

Pampl. 3827 ff. »Riçard de Normandie e Hugon le membru Fesoient si grant duel qu'il ne seroit creü, Pour ce che cescun d'eus avoit suen fil perdu La où Guron das ducent Paiens asaili fu«, daher.auch der Indikativ. Ebenso: Mac. 1385; Pampl. 3972; 3973; 4010; etc.

γ. Der Zwecksatz ist eingeleitet durch »afin que«:

Baud. I. 17,12 ff. En convent le vous ai, sus le loy de Mahon, Afin que vous sachiés, ..., ib. 117,14, 349,11, — ib. II. 112,18 ff. Se sui venus à vous, douche dame honnerée, Afin que ne soïés nullement desperée, ..., — ib. II. 299,4 ff: Et encor donrai tant et d'argent et d'ornier Que de cheste chité vous larra eslongier, A fin que vers le conte ne voeilliés batailler. ib. II. 303,12, — Capt. 13,9 ff. Pour ce sui vers vous trais, noble rois esléus, A ffin qu'en vo service je fusse rechéus, ib. 114,8, 40,17 ff., — ib. 230,9 ff. Bon rois, gardez bien chey, je vois à l'autre lez, A ffin que par l'autre huis ne soient escapez. — Cygne 2620 ff. Et Giermaine, ma fille, vous donrai à moullier, Afin que vous voelliés la batailler laissier, ... ib. 25,299 ff., 34540, 31460 ff.

Der Conjunctiv des Präsens wird durch den Indicativ Futuri vertreten in:

Baud. I. 16,33 ff. Je vous déliverrai roy Ernoul, le baron, Afin que vous metrez tout à exécution Le poeple cristien, dont il y a foison; und: Cygne 116 ff. Mais ce sera afin que, diray sans detri, Che sera ma moullier, je serai son mari.

δ. Der Zwecksatz ist eingeleitet durch »a ce que« mit dem Conjunctiv:

Pampl. 2400 ff. .... si comanda à celour Che issir ne leisesent dehors grand ne menour, A ce che la novele ne alast plus longour, — ib. 4085 ff. E quand de l'esploiter orent le consil pris, Par le conceil Marsille e de siens buens amis Tous ceus cinquante mille ou lour civaus dou pris Ferent entrier en mer une nuit en secris En nes e en galies e en dromons fournis, A ce che celle allee par joune ne par gris Ne fust nunciee à Zarlle alour par nul devis. Mes avant che celour fussent tuit en mer mis, Carpent, qu'estoit mout saze, fist par terre Coursis Esploitier droit ver Cordes, par ch'il confort feïs A Jonas dou secors, sens portier brief ne escris, A ce che se il fust pris par nul hom ocis Che cil feit à Zarllon ne fust par brié gels. ib. 4128 ff.

d. Der Conjunctiv nach den Verben oder verbalen Ausdrücken der Aufforderung.

Zuweilen häufen sich ähnliche Ausdrücke der Aufforderung, allerdings meistens in gesteigerter, nicht gleichwertiger Bedeutung; sie werden immer dem betreffenden Beispiele in Parenthese beigefügt werden. Solche Ausdrücke des Wunsches im Gewande einer Aufforderung sind:

1. «**commander**»: Aquin 1127 ff. A ses barons a le roy commande: Que tost saient et logé et targé, Et que paiens saient avironné ...... ib. 1817, ib. 1858, 2961 (dire, ohne que), Amis 1278, 2175, Aubr 5,1, 64,5, 64,17, 108,1 Avign. 26,5, 107,5, Ant. I. 43,2 ff., 51,1, II. 92,6, Baud. I. 107,8, 255,33 ff., ib. II. 11,30 ff., 6,7 ff. (prier), Buev. 1983, Cygne 2788 ff. (prier), 5994, 18294, ib. 18827, 33229, Gar. I. 42,20 ff. (reclamer), 45,16, 88,6 ff. (ohne que), 88,8 ff. (dto), 102,4 ff. (dire), 21,5, 143,9, 257,14. Gaufr. 19,9 ff., 44,14, 222,12, Gui B. 10,4 25,24, 130,31, Huon 192,12, 277,26, 302,32, K. Reise 635, Jerus. 2448 ff. (prier), 6458, Mort G. 49,9 ff., 73,7 (dire). 136,20 ff., Ogier 1080 ff., Pampl. 2399, 4860, Rol. 319, 2673, 2949, 3842, Rome 1248 (ohne que), 1446, (prier dto), Ren. 2,34, 75,16, 429,38 etc.

2. «**faire commandement**»: Pampl. 425 ff. Pues fist comandemant que tantost fust trovies Un palés avec cil et là fust desmontiés Le fort roi Dexirier. ib. 2460 ff.

3. „**faire mandement**": Cygne 4764 ff. Et ly roys Solimans li ot fait mandement Qu'il ne laissast passer la crestyenne gent.

4. «**mander**»: Amis 3465 ff. Li cuens Amiles manda à Belissant Qu' elle li gart moult bien son tenement .... Ant. I. 19,5, II. 25,11, 120,4, Aquin 169. 627, Avign. 2,32, 59,5, Aubr. 210,19, ff., 123,11 (ohne que), Berte 22,1, Buev. 3210, Baud II. 410,12, ff., 411,26, Capt. 225,19. Cygne 4972, 5852, ib. 5865, (prier), 17204, 29726, Doon 169,6 ff., 245,25, Fierab. 119,18, Gar. I. 72,11 ff., 114,12. 155,17, 244,8, 261,8 ff. (ohne que), II. 61,3 (dto), 173,4, 218,6 ff. (ohne que), Gui N. 22,23 ff., 60.7 (ohne que), 78,9, Jourd. 170 ff. Mort G. 88,5 (ohne que), 179,23, Orenge 582, 707, 1741, Raoul 211,16, ib. 230,10, Ren. 4,10, 16,15, Rol. 187, 488, 2320, 2761 (ohne que), Ross, 310,19, ib. 319,15, 321,6, Saism. I. 149,2, ib. 151,1, Viane 516, Viv, 912 etc., ib. 742, 3125 ff., Huon 4,4, 264,20 ff.. Looys 2245 ff.

Der Conjunctiv ist durch »devoir« umschrieben in:

Mac. 2042 ff. Mandés le desfier Qe da vos el se deça guarder, E posa faites vestre jent asenbler Tant qe n'aiés plus de cinquanta miler.

5. «**escrier**»: Baud? II. 430.1 ff. Par. III. fois a criet c'on li voist envant Chellui qui contre lui emprist er soir le champ, — Jourd. 2419 ff. Tuit li escrient si baron et si home Que remaigne en la terre. — Berte 304,25, Amis 3247, Cygne 25316, 29343, 29444 (et dire et publier), Gui B. 104 7, Gar. II. 14,18, Rol. 1964, Viv. 1187 etc. — Pampl. 430 ff. Avant que Carllemagnes fust en la cambre alés, Fist crier que li mors fussent tuit enteriés E que

cescun l'aïn fust tantost des armiés, E demorassent tuit en lour hosticus serés, Jusque tant que i fusent laviés e batiçiés.

In diesem Beispiele, wo drei von dem Verbum der Aufforderung abhängige Sätze auf einander folgen, ist auffallender Weise die beiden ersten Male die Conjunction »que« gesetzt, während sie im dritten Satze ausgelassen ist.*)

6. »banir": Jerus. 2191 ff. Dont a fait aval l'ost et banir et crier: Que tot voisent au flun por de l'iaue aporter, Es bor sur les somiers les facent amener.

7. »mander parole«: Ant. II. 69,6 ff. Bauduin de Rohais ont parole mandée, ... Que il deviegne Turc, s'ait sa foi des fiée, Trois cos se face faire à l'us de lor conté.

8. »noncier parole«: Ren. 58,32 ff. Envoies à Renaut vos parole noncier, Qu'il vos rende Guichart, son frère, qu'il a chiër, ...

9. «faire signe»: Cygne 2947. Signe fist qu'il montast: car bien fu ses amis.

10. «faire signification»: Cygne 2264 ff. Ly chines me fait chy signification Que je voisse avoec lui à sa devision.

11. »crier le ban«: Jourd. 3916 ff. Lors fu li bans par la ville criez, Que n'i remaigne home de mere nez, , . . . , . — Amis 2380 ff. De par ma damne voz criomez un ban, Que il n'i ait escuier ne serjant Ne chevalier, home nul ne anfant, Qui voist . . . . So: Amis 1472, 2373, 2365, Baud. II. 245,10, Huon 225,9. 238.1. Saisn. I, 246,20 etc. — Ohne que: Gar. I. 90,15.

12. «un ban huchier»: Raoul 333,14 ff. Parmi Arras a fait un ban huchier Que trestout cil qu'arme puisse baillier Que il s'adobent por lor singuor aidier. Die Conjunction »que« ist hier wieder aufgenommen, da in Folge des eingeschobenen Satzes der abhängige Satz zu weit von dem regierenden Verbum des Hauptsatzes entfernt wurde.

13. «un ban recrier»: Gui B, 10,14 ff. Encore a fait li enfes autre ban recrier Qe il n'i ait en l'ost ne tolu ne amblé, ...

14. «crier et huchier»: Floov. 5,28 ff. Adonc a fait li rois et crier et huchier A toz ces qui de lui tienent terre en fier, Que il ne li donasent ne argent, ne ormier, . . , . . .

15. «crier et dire et publier»: Cygne 29244 ff. Cryer a fait par l'ost et dire et publier Que cascun soit tout prest pour estour commencier.

16. «dire»: Aquin 1237 ff. A sa gent dist que fusent tost armé, . . , .
ib. 2961 ff. (commander, ohne que), Aubr. 49,10, 52,21, 74,24, Baud. II. 241,33, ib. 417,26, Ant. I. 6,5 ff., 80,5 ff., II. 281,8, Alisc. 7,17, Cygne 5895, 9487, 29444 ff., (crier et publier), 34133, Gar, I. 69,16 (ohne que), 102,4 ff. (commander), ib. 199,7 215,15 ff., II. 19,8 ff. (commander), 202,2 (mander), 258,17 ff. (ohne que), Gaufr. 82,5, 217,2, Gui N. 57,17, 58,1 ff., Huon 10,4, 10,20, 263,21, K.

---

*) cfr. Diez III⁴ 416 § 2: »Ueber die Stellvertretung und Auslassung der Conjunction«. — cfr. Ant. II. 69.6 ff. unter »m an der parole«.

Reise 533 (ohne que), Looys 1767 ff. (ohne que), 2439 ff., Main. I. 161 (ohne que), Mort G. 73,7 ff. (commander), 189,19 ff., Mong. 186 ff., Pampl. 652 ff., 2581 ff., Raoul 77,25 ff., Ogier 3732, 3739 ff,, Orenge 1424 ff., ib. 1435 ff., Ren, 11,17 ff. (ohne que), 5,7, 8,5 ff. (ohne que), 223,28 ff., Rol. 81, 2760, Ross. 311,15, 315,5, 317,9, Saisn. I. 150,2 etc.

17. »**dire noveles**«: Orenge 1714 ff. Bertran ton frère me diras cez noveles, Qu'il me secore o la gent de sa terre.

18. «**dire proiere**»: Ant. I. 265,9. Chascun dist sa proiere, que Diex le puist salver. — Doon 49,32 ff. Mainte digne proiere nomma a vois serie, Que Dex si delivrast et ait en sa baillie. Aehnl. Cygne 18267 (proyere fait).

19. »**prier (proier)**«: Aubr. 48,18 ff. Ele l'acole et prie qu'il li die . . . . . ib. 59,10, Alisc. 69,10, 223,18, Amis 117, 1618, 2187, 2785, 3008, Aquin 53 ff., 354, Berta 282 ff., Baud, I. 6,6, 8,35, 11,10 (requerre), 23,5, 116,18, ib. 199,21, 204,12, 259,7, 342,6, II. 61,18, 64,28, 117,6, 202,8, 252,13, 402,34, Ant. I. 105,10, 191,11, 195,20 ff. II. 206,5, 299,8, Avign. 15,12, 110,29, Berte 28,19, 58,6, 83,3, 97,8, 181,4, Buev. 223 ff., 2789, 2878, Capt. 4613, ib. 116,12 ff. (requerre), Charr. 732 ff., Cygne 1510, 5865 (mander), 2067, ib. 10600, 10601, 10761, 16956, 26187, 29588, Gar. I. 7,6, 29,18, II. 37,6 ff., ib. 63,8, 119,3, Gui B. 9,29, 122,13, Floov. 35,20 ff., Doon 51,1, 204,8. Gaufr. 6,24, ib. 61,16, Fierab. 9,24, 28,12, 167,5, Jourd. 2438, 295 (commander et chastoir), Huon 25,14, 99,14, 99,19, 133,8 ff. (ohne que), 276,10, 296,19. K. Reise 669, ib. 782, Jerus. 213 ff., 1399, 1724 (rover), 2849, ff. (commander), 6071, ib. 6665, Mac. 333. ff. 492, 516 (ohne que), 1770, 1907, Pampl. 160, 165, 484, ib. 1962, 3812, 4028, 5353, Mort G. 226,12, Looys 340 ff., 509, Ogier 136, 154 (requerre), 921 2894, 3605 (ohne que), 4120, Otin. 28,9 ff. Paris 20,3 ff., 48,19, Raoul 76,17, Ren. 58,24, 334,13, 418,35, 437,24, Rol. 1473, 1837, 2241, ib. 2261, 2518, 3799, ff., Rome 1150 ff., 1446 (commander, ohne que), Ross. 253,16, 358,20, Viane 1049, 3146 ff. etc.

Das Verbum der Aufforderung ist in einer voraufgegangenen Frage enthalten und im Sinne zu ergänzen in:

Berte 158,11. Symons, ce dist li rois, savez que je vous proi? Qu'aillons à li parler, se il vous plaist, nous troi.

Der Conjunctiv ist umschrieben durch »vouloir«:

Cygne 2594. Je prie a celui Deu, qui sa mort pardonn, Qu'il me voelle vengier de ce que je voy là. So: ib. 2760, 2799, 3204, 15078, 15,421, 15729. ib. 25841, 31153 etc.

20. «**faire commandement et prière**»: Cygne 34353 ff. Mais ly fors roys Estor par voye droituriere A fait commandement, et au soudant pryere, Qu'il fesist Sarrasin tous reguler ariere, Tant qu'il éuist jousté et mis le roy en biere.

21. ««**faire crier son cri**»: Gar. II. 110,19 ff. Parmi la ville a fait crier son cri. Que n'i remaigne qui armes pust sofrir,

22. »**deprier**«: Avign. 15,19 ff. Damedieu le poissant moult doucement deprie Qu'il li gart son seignor qu'il ne perde la vie. Otin. 15,10 ff. (reclamer), ib. 15,14 ff, Capt. 212,23 ff., Viane 2938 ff. etc.

23. «**querre**»: Rol. 404 ..... Que il querreient que Kollanz fust ocis, Rome 701 (ohne que), Berta 860 ff. (demander).

24. «**requerre**»: Aubr. 58,3 ff. Dist Auberis, oates je uos requier, Que ne uos chaille ja de moi a plaidier. ib. 145,15, Aquin 367 ff. Baud. I. 11,10 ff, (prier), 298,29 (dto), 307,9 ff. (dto), Berte 150,4, Capt. 116,12 ff. (prier). Floov. 16,11, Huon 3,26, 7,6, 18,4, Ogier 154 ff. (proier), 2045, 2049, 2106, Pampl. 298,29 ff, (prier), Raoul 387,23 ff. Ren. 237,32 etc.

25. «**reclamer**»: Alisc. 13,32. Dieu et ses sains va sovent reclamant Ke de mort le garisse. Ant. I. 265,5 275,3, II. 161,10, Aubr. 61,13 ff. 194,25 ib. 216,23, Capt. 84,30 ff. Deon 214,23, Gar, I. 42,20 ff. (commander), Huon 152,10 ff., Floov. 16,24 ff., Jourd. 2865 ff., Ogier 5526, Otin 15,10 ff. (deprier), Mac. 772 ff., Mort G. 146,4 Mong 7995 ff., Rol. 2043 ff., Rome 501 ff., Viane 2887 etc.

26. «**enproier**»: Berta 515 ff. Filla dist la raïne e'vos voio enproier Qe primament vos diça' porpenser S'elo vos plas cel petit çivaler, Qe est rois de France et de Baiver, 693,810, — Mac. 1397 ff. Abes fait il e'vos voio enproier, Se vu m'amés e tenés ponto çer, Que ces infant vu deçà batiçer, Como elo fust filo d'un enperer Como el se poit fare par nul mester. ib. 1417 ff.

In allen Beispielen fand Umschreibung des Conjuuctivs durch »devoir« statt; einmal finden wir nach »enproier« den Conjunctiv umschrieben durch »faire« in: Mac. 2887 ff. Mais de una ren e'vos voio enproier, Qe de bon erme le façu adober.

27. «**conseilller**»: Cygne 566 ff. .... Et li a conseilliet, pour voir le vous affy, C'on vous fesist ardoir, pour voir, je le vous dy. ib. 1765 ff., Baud. I 341,2 ff., Looys 794 ff., Viane 3584, — Mac. 210 ff. Nan dist Machario se tu vo'ben ovrer, De una cote voio conseler, Qe apreso la çambre te tici (=lat. debeas) acovoter, Qe nul hom o te posa (=lat. possit) veoir ni esguarder.

28. «**donner conseil à aucun**»: Mac. 344 ff. Conseil dona à li rois spese fois e sovent Qe d'ele faça tosto le çuçement, ib. 404 ff. — ib. 960 ff. Un conseilo co donarò segondo ma volunté E'non cre'ge du nul eo en sia blasiué: Qu'el se prenda Macario qi n'est çalonçé,*) E in guarnelo elo sia despoilé, E in man aça un baston d'un braço mesuré, E sor la plaça soia fato un astelé ...., Ren. 344,19 ff.

29. „**chastoier**": α. mit negirtem Wunschsatze:
Amis 1625 ff. Je te chastoi, biaus filleus Aulari, Que n'aiez cure de dameldeu servir, Ne de voir dire, se ne cuides mentir. — Ren. 274,22. Bonement le chastie, qu'il ne soit esfraés.

In Verbindung mit »proier« und »commander«:
Jourd. 295 ff. Por Deu vos proi et commant et chastoi, Que jà li fiz Girart randus ne soit, Tant ne vos saiche graeillier ne ardoir.

---

*) Der Ausfall der Conjunction «que» ist bewirkt durch das rasche Aufeinanderfolgen der Sätze, cfr, Diez III[4] 416 § .2.

β. mit positiven Wunschsatze: *)

Aubr. 77,3 ff. Li cuens a pris ses gens a chastoier, Que il se tiengnent tout coi sans disrengier. — Gar. I. 239,12 ff. Oncles Guillaumes, dist-il, je vous chanti Que soiez prous et corageus tos dis.

30. «**semondre**»: Buev. 1383 ff. Ceaus qui se sont rendus a maintenant semons Que d'aus soit relenquis Fervagans et Mahons: Ant. I. 21,7 ff., Gar. I. 72,4 ff., 161,20, 260,16, II. 19,2 etc.

31. «**parler à aucun**»: Gar. I, 79,2 ff. Car i alons, biaus compeins Fromondins, En cel palais parler au roi Pepin, Qu'en autre soit li suen sonsaus vertis, Et secourions le riche roi Thierri. — Gui B. 74,14 ff. Alés parler au roi, á reson le metés, Qu,il me rende Ayglentine, s'est li ples devisez Mort G. 99,25.

32. «**huchier**»: Huon 5,30. Car cascun jor me venoit il hucier Que jou fesisse armer I. chevalier.

33. «**recorder**»: Baud. II. 432,21 ff. Ales à Corbarant et se li recordés Qu'à moy viègne parler, que n'i soit arrestée.

34. «**apeler**:» Ren. 4,38 ff. Par le conseil Naymon Ki fu de bonne foi Apela Enguerran que venist devant soi.

35. «**demander**»: Berta 860 ff. (querir),

36. «**loer**»: Aubr. 236,14 ff. Je lo, dit Fouques, s'a Borgignon agree, Se il li plaist, que soit none uelee. — Berte 104,7. Je lo pour le meillors que nous nous enfuions. ib. 104,12. Je lo en bonne foy que nous nous en aillons. Capt. 40,21 ff., Jerus. 6518 ff. (ohne que).

37. «**amonester**»: Mac. 2519 ff. De una ren vos vo amonischant, Qe çascun de vos soia pros e valant.

38. «**araisoner**»: Pampl 697 ff. Car il n'est pont de pas en ceste region Ch'il ne sace trou bien, e se je le araison Ch'il viegne ensenble a moi, ...

39. «**rover**»: Alisc. 165,32 ff. Rainouars sire, vous avoie rové Ke dou tinel fuissent paien bouté. — Jerus. 1724 ff. Puis lor a sor lor iex proié et rové Que chascuns d'ax exploite d'ovrer à grant penté, ...

In diesem Denkmal darf wohl bereits das Eindringen von paragopischem e angenommen werden. ——

40. «**rover un don à aucun**»: Alisc. 235,4 ff. Rainouars frere, I. don te voil rover Que tu me voielles ce mesfait pardoner. Aehnl. Pampl. 193 ff.

41. «**se claimer à Dieu**»: Amis 2093 ff. A Deu m'en claim le gloriuz dou ciel, Qu'il m'en face venjance.

42. «**se plaindre à aucun**»: Ogier 3521 ff. A Dieu me plaig, qui justice m'en face, Que li esfoldres du ciel le puist abatre Dessi en terre les membres li esrache. Gille 603 ff.

43. «**conjurer**»: Cygne 1947 ff. Je te conjur, dist-il, du glorieus Jhésus Que tu me dies voir, sans faire faus argus, Par qui commandement tu es ycy venus. Saisn. I. 214,2 ff.

44. «**enseignier**» Gaufr. 178,28 ff.

———

*) cfr. Bischoff. a. a. O. pg, 36 sub Nr. 11.

45. «**defendre**», stets mit ne: Berte 152,18 ff. Vous defens qu'enver moi n'aiez pensée amère, Que de mon pucelage ne me soiez tolère. — Huon 111,27 ff. Jou te deffenc, sour les membres coper, Que ja por nient n'aiés le cor sonné. ib. 116,27 ff., 136,11 ff., 137,8 ff., Cygne 2740 ff. etc.

46. «**defendre et véer**»: Huon 137,13 ff. Pour chou te veul et deffendre et véer Que tu n'i voises, tu seroies outrés.

47. «**faire savoir**»: Alisc. 69,5 ff. Faites savoir Ernengart de Paire, La nostre mere qui Jhésus benéie, Et Aimeri à la barbe florie, K'il me seceurent vers le gent paienie. — Ren. 111,14 ff. Il le fisent savoir au pule et à la gent, Que au noviel castiel prengnent herbergement.

48. «**juger**»: Cygne 660 ff. Adont ly chevalier tot d'une avision Jugièrent c'on tenist la royne em prison. — Rol. 309. Si as juget qu'a Marsilium en alge. ib. 353, Huon 295,33.

49. «**faire un orison**»: Gui B. 129,20 ff. S'a faite I. orison ben faite et enparléc Que cele vile soit à tel fuer atornée Que de ceus ne d'autrui ne soit mès golosée.

50. «**dire amen**»: Gaufr. 322,21 ff. Segnors, ditez amen, que Dieu par son talent Nous vueille tous oster de paine et de tourment!

51. »**cluigner de l'oiel**«: Baud. I. 368,10 ff. Jvorine, la bèle, li va de l'oiel cliugnant Qu'il se rendist briefment au pople mescréant.

Im abhängigen Satze steht an Stelle des Conjunctives der Indicativ der directen Aufforderung:

Buev. 998 ff. Clarions, je vous pri Que vous revenez tost, car nous remanrons . . . . . ., -- Gar. II. 201,21. Li quens vous mande que faites vo plaisir. Par. 78,10, — Gui B. 29,22 ff. Je vos pri, por celui qui Longis fist pardon, Que me dites le roi nule riens se bien non, ib. 90,5 Jerus. 4018, — Huon 127,3 ff. Je vous conjur la vostre loiauté, Que vous me dites la fine verité, 273,27, Viv. 1814, — Jourd. 276. Par moi vos mande que vos alez à lui. 587 ff., — Mort G. 44,2 ff. Je vos defens, dist li peres, Biax fils, Que ne forfaites nos mortex anemis, — Mac. 3316 ff. Por Deo vos pri qe naque in Belliant Qe avec Karlon faites acordamant, Ren. 276,13. etc.

Der Imperativ tritt unabhängig ein in:

Gar. I. 76,2 ff. Or si commande, par Dieu qui ne menti, Secourez-les, car il sunt vos amis. — II, 23,11. Par moi vous mande venez parler à li, — Cygne 1490 ff. Sy vous prie pour Dieu, le pere droiturier, Faittes que Manquarés soit tenus prisonnier, . . . Girb. Rom. Stud. I. 444,5, — Huon 229,20. Je vos requier à moi venés joster, — Mort G. 18,11 ff. Et si vous mande com a son bon ami: Donez les armes a Girbert le gentil, — Raoul 207,4. Je te proi, sire, lai ester la folie, — 225,21 ff. Por Dieu vos proi qui fu mis en la crois, Se cis plais est, faites le m'en saveir, — Rome 1275. Jeo te pri et comand, me di la verite, 1177. etc.

In: Gar. I. 71,13 ff. »Mandez les homes qui me doivent servir A Mez iront que vostres pères tint«, steht das Futurum an Stelle des Conjunctives Präsentis.

In folgenden und ähnlichen Beispielen vertritt »m a n d e r"
nicht mehr die Bedeutung eines Verbums des Aufforderns, sondern
es giebt uns eine Thatsache an, die bereits zur Wirklichkeit
geworden ist; daher denn auch regelrecht der Indicativ:

Jerus. 7064 ff. Gordefrois, sire rois, hom de grant renomée, Nostres Sire vos mande que l'ost est retorné, - Mac. 822 ff, E Macario fo à sa mason alé, Por mires mande, qe l'ont bindé, E Macario oit sa jent apelé, etc.

---

e. Der Conjunctiv in Sätzen, über deren Inhalt im Hauptsatze ein Urtheil ausgesprochen wird, welches derart ist, dass damit ein Wunsch oder eine Besorgniss des Urtheilenden verbunden ist.*)

1. »**drois est**«: Amis 552 ff. Sire compains, dist Amiles li ber, Il est bien drois par sainte charité, Que's aillissiez veoir et esgarder. — Aubr. 88,4 ff. Drois est a dame qu'est de grant renomee Qu'ele honeurt ceus qui sevent por soudee. So: ib. 56,24, 213,11, Ant. I. 8,8 ff., Avign. 114,5, Baud. I. 5,3, 5,13, ib. 11,25, 111,28, 272,11, II. 112,30, 112,32, 178,21, Berte 4,3, 13,8, 109,12, 178,18, Buev. 456, 914, 2579, Capt. 40,20, 75,7, Cygne 9557, 9947, 16628, Floov. 21,3 ff., Gar. I. 7,2, Jourd. 823 ff., Looys 424, 438, 1336, 1763, 2383, Ogier 1477, Raoul 70,17, Rol. 497, 1950, 2349, Ross. 310 (ohne que), Saisn. I. 69,9, 157,2 etc.

2. »**il est fins**«: Rol. 2978. Reis orguillos, nen est fins que t'en alges.

3. »**raisons est**«: Buev. 1247 ff. N'avoit bourc ne chastel plus fort dusk'à Octrente, Qui ens est, n'est raisons que d'assaut s'espoente, K'assaus (ke = denn) ni puet grever une fueille de monte. Die Form »espoente« (: monte: Octrente) ist wohl demReime zu Liebe gesetzt worden. — ib. 1370. Ce sera biens raisons k'au cuer ce m'assente A oïr tés nouveles, ib. 1798, — Baud. II. 233,3 ff. Par moi avés esteit de le mort escapés, S'est raisons, biaus seignour, que vous fachiés mon gré. Gar. II. 264,24, Mort G. 7,13 (ohne que), etc.

4. »**il est saison**«: Cygne 9870. Seigneur dist ly soudans, il seroit bien saison Oue du siege eussiemes nouvielle et mencion.

5. »**drois est et raisons**«: Looys 886 ff. Dont il est droiz et reson que i perdes, — Pampl. 469 ff. . . . . . qu'il est raixom e drois Che donier le vous doie, Com je sai e conois. Rome 90.

6. »**melz est**«: Amis 1524 ff. Miex fust, par Deu, que je fuisse fondue, Arse en un feu ou à coutiaus fandue, — Rol. 258 ff. Melz et que sul moerge que tant bon chevalier, ib. 44,58 ff., 1475 etc.

---

*) cfr. Bischoff a. a. O. pg. 41 § 4.

7. »bon est«: Berte 124,19. Et li rois leur respont: bon fust qu'on le fesist, ib. 124,16 ff.
8. »Il vaut bien«: Capt. 126,4. Et certez il vaut bien qu'il ait I. tel destln.
9. »Il vaut mieux«: Buev 572 ff. Miex vault qu'il solent mort, à mon entendement, — Gar. II. 201,12 ff. Ancor vaut mieux que fussent lor plaisir Que ce qu'il fuissent leans à force pris.
10. »perils est«: Aubr. 43,15 ff. Grand peris est, par dieu le droiturier, Que ne uos face morir ou essillier, — Ogier 3696 ff. Grans perilx est li Danois ne l'ocie (= ohne que);
11. »Il vient mlex à aucun«: Aubr. 149,6 ff. Mieus me venist, quant je uos eu trouvée, Que uos fuissies outre la mer rallee, On que maufes uos en eust portee, ib. 183,7, 218.24, Alisc. 113,11 ff., Amis 2087, 2344, Mong. 254, Huon 630, Looys 2071, Ogier 1462, 5467, Ren. 48,2 ff., 49,17 ff. etc.
12. »Il convient«: Aubr. 88,4 ff. Or nos convient que cis chant soit guerpis, Baud. I. 276,2 ff., 366,26 ff., II. 249,18 ff., Berte 23,4. 32,13, 63,8, Buev. 2298, 2405, Capt. 155,21 ff., Cygne 125 ff., 544, 1648, 14883, Doon 16,17 ff.. Viane 617, — Baud. II. 186,6. Convient-il que mes cors soit de vo escarnis?
13. »avoir droit«: Alisc. 3311. N'a droit k'il vive, je le di par verté.
14. »avoir mestier«: Buev. 416. Cil ne li a mestier d'un autre se porquiere (ohne que), — Looys 207. . . . . il t'aura grand mestier Que de vilain ne faces conseillier,— Pampl. 3594, Ci n'a mestier che soit plus parole tenue, ib. 565 ff., Raoul 212,8 ff., 243.19 ff.
15. »mestiers est«: Jourd. 3944. Se mestiers est qu'il en aient l'entrée. — Ren. 232,2 ff. Car il nos est mestiers, issi com vos saves, Que Rollans ne s'en puist à Olivier gaber, Qu'il ait les III. frères com me pastors través. Aubr. 910, Raoul 79,18, — Viv. 1547. Or est mestiers que soiez deffaudant.
16. »il faut«: Baud. I. 340,22. Ou val de Joaquin faut qu'il en soit portés. — ib. II. 8,3 ff. Si faut encore anuit que vous fachiés l'ouvrier, Par coi j'aie le clhef enchois que voist coucher, — ib. II. 176,5. Par povreté faura qu'il devinge hoerrier, — Capt. 219,26, Cygne 608, 1112, 1673, 2698, ib. 33484 etc.
17. »Il est loiautes«: Aubr. 242,27 ff. Traies, seigneur, que bien est loiautes Que pour mon pere soit li miens cors liures.
18. »Il aflert à aucun«: Baud. I. 55,2. Car il afiert à vous que bien soïés prisie. — Capt. 211,5. Il n'affiert pas à moy que fachiez tels salus.
19. »Il avient«: Gar. II. 76,23 ff. S'il avient chose que Franceis vengnent ci, Bien avons gent por nos marches tenir. — Saisn. 1. 251,7 ff. S'or avenoit que tuit vos vossissiens laissier, Guiteclius auroit pais à vos, au mien cuidier.
20. »Il vient à«: Gui N. 7,20. Bien li vient de lignage qu'il ait cuer de felon.
21. »deservoir que«: Berte 40,1. Bien avez deservi que vous soioz mes drus. ib 104,19. Car bien a deservi que pas ne li faillons. Gar. II. 23,15, Ren. 276 10, Rol. 3740.

22. »estre digne«: Cygne 387. Car digne ne suy pas que j'aie audission, — Capt. 125,19 ff. Il seroit moult bien dignez c'on fust à lui enclin Et qu'il fut (= fust) couronnez de couronne d'or fin.

23. »avoir besoing«: Avign. 36,24. Bien passera li ans ainz que voient lor piés, N'aurés si grand besoing qu'il vos puissent aidier, — Viv. 1572 ff. Se j'ai besoing, que n'i soie encombrés, Securra moi à lespée du les.

24. »Il besoingne«: Jourd. 251,9 ff. Sire, ce dist Maugis, par la foi que doi vos, Il ne besoigne mie que tuit soient larron.

25. »Il vient au terme«: Paris 28,16 ff. Et quant ce vient au terme qu'el déust relever, Dit à ses compeignons: Seigneur, avant venez.

26. »Il estuet«: Looys 10. De meillor home n'estuet que nus vos chant, — Ren. 83,15. . . . . Or m'estuet que vos face en cest essil aler.

27. »coutume est«: Jonrd. 908 ff. . . . . . Que n'est coustume à nul escuier, Qu'à son seigner doie nul jor tancier.

Ist der im Hauptsatze ausgesprochene Inhalt nicht mehr der Wunsch der urtheilenden Person, sondern der in Wirklichkeit vorhandene **Grund**, so steht der **Indictiv**:

Buev. 1258. C'est drois que bien lor est à ce besoing chëu, — ib. 3527. Sire, fait il, drois est que nous prenons garde de la Sarazine, — Jerus. 8005. Che est drois, que por lui soffri li cors martier, — Gar. I. 6,1 ff. Il est bien drois que du vostre i metez et faites tant que il soient armés de biaus chevaus courans et abrives, ib. 243,1. etc.

Nicht selten steht nach derartigen Ausdrücken der »**Infinitiv**« an Stelle des abhängigen Satzes mit »que« und dem »Conjunctiv«:

Gar. I. 30,11. Or m'estuet, voille ou non, assaillir, Gaufr. 286,5. — Mac. 2586 ff. A qi dona uno colpo n'i a mestier proier Q'i non ocie loro e son destrier, — K. Reise 71. Jo l'ai treis feiz sungiet: mei i cuvient aler, — Looys 366 ff. A Looys le convient envoiet, Que il nos viengne secore et aidier, Baud. I. 340,4, Cygne 174,66, Gar. II. 115,18, 160,21, 180,1,203,9, 268,5, Huon 120,9 ff., 160,5, Mort G. 165,7. etc.

f. Der Conjunctiv nach Ausdrücken des Affectes.

Im engen Zusammenhange mit den soeben behandelten Sätzen, in denen der Hauptsaz ein Urtheil über den Inhalt des abhängigen Satzes ausdrückt, stehen auch die Ausdrücke der Gemüthsbewegung, wie »der Verwunderung, der Freude, des Schmerzes« etc. Während wir im Neufranzösichen im Allgemeinen nach den Ausdrücken der Gemüthsbewegung bei folgendem einfachen »que«

den Conjunctiv, den Indicativ nur bei Verwendung von »de ce que« an Stelle dieses einfachen »que«, vorfinden, ist im Altfranzösischen nach der einfachen Conjunction »que« sowohl der Indicativ wie der Conjunctiv verwendet worden, Beispiele der letzteren Art sind allerdings weit seltener. Die Construction »de ce que »mit dem Indicative« ist allerdings für das Altfranzösche die gewöhnlichere, wie in: Berte 163,7 ff. »De ce qu'ele le noie, tous en sui trespensés«, und ähnlichen Beispielen. Nicht Recht hat Bischoff, wenn er betreffs der zuerst erwähnten Construction pag. 47 seiner Abhandlung »Ueber den Conjunctiv bei Chrestien« sagt, »dass die alte Sprache nach Verben und Wendungen des Affects nicht hin und wieder den Indicativ setzt, sondern dass das Altfranzösische es durchaus vermeidet, den Ausdrücken der Gemüthsbewegung den die Veranlassung derselben angebenden Satz mittelst der Conjunction que, und ohne Verwendung eines vorausbedeutenden pronominalen Ausdrucks, als Casussatz folgen zu lassen.« Kowalski in seiner Arbeit »der Conjunctiv bei Wace« liefert bereits eine Reihe von Beispielen, wo diese Construction zur Verwendung gekommen ist, darunter auch 3 Beispiele mit dem Conjunctive, und ich bin im Stande diesen Beispielen noch eine Anzahl von Belegen aus dem Volksgos beifügen zu können.

1. Den Ausdrücken der Gemüthsbewegung folgt die einfache Conjunction »que«:

α. mit dem Indicative:

Amis 1410. Dès or li poise, que il ot ainsiz dit, ..., — Baud. I. 204,10. Dolans fu Bauduins qu'il n'ot point de monnoie, — Berte 1306. Poise li, que de non ne s'est desconnëue, — ib. 1320. Forment se repent Berte, que son non leur a dit, — Berta 986 ff. Mon sire dist Berte or nen vos mervelés, Qe un mon segnor m'è morte da malflés, (è = est), — Floov. 74,16 ff. Por Floovant son filz et lou cour mout irié Et dolant que il fut fors de France chacié, — Fierabr. 19,6 ff. Pour ce que si te voi de prouece avivé, Moult me poise que n'ies de sens amesuré, ib. 20,8. Moult durement me poise c'à moi t'estuet jouster, — Gaufr. 248,32. Mès je sui dolent que je ne l'ai tué, — Ogier 521 ff. Franc chevaler, con sui por vos dolant Que vos enmainent Sarrazin et Persant, — Ant. I. 26,15 ff. Vers vous s'est coureciés, por sa feste honorée, Que n'alastes à lui quant on l'ot celebrée, — Rol. 716. Deus ! quel dulur que li Franceis ne l'sevent, ib. 2030. Quant tu ies morz, dulur est que jo vif, ib. 2608. Mult est grans doel que nen est ki l'ociet, — Saisn I. 123,7 ff. Voire, dist la reine, as cox est aparant, Mès durement me poise que il demore tant.

β. mit dem Conjunctive:

Cygne 1131. Maire le lait, ne l'an chaut que l'ait pris, — Mong. 433 ff. Ne li caut gaires que on vende le blé.

2. eine andere Construction ist nach solchen Ausdrücken des Affectes zur Verwendung gekommen.

Ausser der bereits erwähnten, noch im Neufranzösischen üblichen Construction von de ce que mit dem Indicative, treffen wir den Nebensatz eingeleitet durch das temporale »quant« an in:

Cygne 169 ff. Ly roys fist faire joie quant ce vint au souper, ..., — Pampl. 4910 ff. Dolant fut Maozeris, quant il oit entendu Che Franzois avoient le fort zastel ett, — Rol. 2082. Or est granz doels quant l'arcevesques chiet. ib. 2411, Fierabr. 27,11, — ib. 3451 ff. Mult ad grant doel Carlemagnes li reis Ouant duc Naimun veit naffret devant sei, Sur l'herbe verte le sanc tut cler cadeir. etc.

Zuweilen finden stch auch Beispiele der Attraction nach den Ausdrücken der Gemüthsbewegung, indem das Subject resp. Object des Nebensatzes vermittelst einer Präposition in den Hauptsatz gezogen wird, und der Nebensatz dann gewöhnlich als Relativsätz (natürlich mit dem Indicative) nachfolgt. Vergl.

Rol. 537. Dist li paiens: Mult me puis merveillier De Carlemagne ki est canuz e vielz, ib. 2513 ff. Carles se gist, mais doel ad de Rolant E d'Olivier li peiset mult forment, Des duze pers, de la franceise gent Qu'en Rencesvals ad laissiet morz sanglenz, etc.

Eine nach »il me chaut« sehr gewöhnliche Ausdrucksweise ist die der indirecten Frage mit verallgemeinerndem Sinn:

Berte 29,7. Moi ne chaut qu'on en face, mès qu'ele soit tuée, — Gui N. Il se drecha en piez, ne li caut qui la voie, — Mort G. 152,5. Ne moi ne chalt quel part doie ganchir, — Orenge 1561. Huimais dirai, ne me chaut qui le sache, — Rol. 227. Ne li chalt sire de quel mort nus muriuns.

Haupt- und Nebensatz stehen unabhängig neben einander in:

Baud. II. 201,28. Chertes, che poise moi pas n'estiés cognéus.

g. Der Wunsch äussert sich in einem Ausdruck des Zugestehens, Erlaubens.

Solche Ausdrücke sind:

1. »otrier«: Amis 1400 ff. E dist Hardrez: biaus sire, et je l'otri Et par devant ces chevaliers le di, Qui vencus iert, pendus soit le matin, ne soit raiéus ne argent ne d'or fin Ne n'ait secors de parens ne d'amnnes, — Alisc.

214,33 ff. Et si m'otroie par ton saintisme non Ke jou aquire Baudus, cel Esclavon, ke à compaignon l'aie. Ant. I. 7,2, Avign. 82,24. 82,31, 125,9, Capt. 104,7, Fierabr. 27,24, Mac. 1832, Rol. 3946. etc.

2. »**otrier et soufrir**«: Mort G. 13,7 ff. Ne il ne veulent otroier ne sofrir, Que je cax rende qui le duc ont ocis, ib. 35,13.

3. »**endurer**«: Mort G. 16,12 ff. Ne pora mie endurer ne sofrir, De nostre guerre soit accordance et fins; (Ohne que).

4. »**soufrir**«: Ant. I. 244,9. Il ne soffrira jà ses peoples soit honis, ib. II. 157,5, Buev. 2626, Berte 42,17, Gar. J. 82,16, II. 36,2, 133,5, Mort G. 16,12 ff. (endurer), 23,7 ff. (otrier), Fierabr. 36,16 (ohne que), Gaufr. 294,30 ff. Fragend in: Pamnl. 782 ff. Coment ais tu soufert que je deseritié Soie ensi de ma ville e l'onour soit donié A ceus que ne t'ament? ce est grant cruautée.

5. »**je suis prez**«: Avign. 8,32. Près sui que je l'ocie, voiant M. compaignon, ib. 9,31, — Floov. 34,8. Pres sui que me desfande vers ton orandroit, — Fierabr. 9,27 ff. Tous sui près que je faice toute vo volonté; Otin 45,15 ff., Rol. 316 (ohne que), etc.

6. »**sol accorder**«: Buev. 1687 ff. Biaux fiex, ce dist li quens, faites vo volenté, Je m'acort que fait soit ce k'avez devisé.

7. »**consentir**«: Aubr. 222,14 ff. Sainte Marie, ja nel consentes tu Que je i aie mon chier oncle perdu, Amis 2250 ff., Alisc. 36,31, Baud. I. 8,33, 48,27, Cygne 628, Floov. 38,8, Jerus, 6091 ff., Paris 89,12, Rol. 3108 ff. etc.

8. »**doner**« (= verleihen, zugestehen): Die mit »doner que« eingeleiteten Sätze der Einräumung resp. des Zustehens habe ich bereits pg. 28 angeführt und darf ich des Raumes wegen mir wohl eine nochmalige Aufführung derselben ersparen. ——

In Gaufr. 69,24 ff. Comment avés soufert que sommes abessiés, Que le roy Guitant est mort et detrenchiés! und ähnlichen Beispielen hat »soufrir«, da von etwas thatsächlich Geschehenem die Rede ist, regelrecht den Indicativ nach sich.

B. Der Conjunctiv der Irrealität.

I. Der Conjunctiv in Substantivsätzen.

a. Der Substantivsatz ist Subject eines Verbums des Seins.

Ist in derartigen Sätzen von etwas Thatsächlichem die Rede, so steht der Natur der Sache gemäss der Indicativ, dagegen steht der Conjunctiv, wenn der Inhalt des Substantivsatzes der Wirklichkeit nicht entsprechend ist, d. i.:

1. wenn der Hauptsatz negirt ist,
2. wenn derselbe hypothetischer Art ist,
3. wenn er eine Frage mit negativem Sinn enthält,

α 1. Der Hauptsatz ist negirt:

Rol. 653. Jamais n'iert an altretel ne vos face, — 3913. Il ne poet estre qu'il seient desevrez, — 173,1. Ne remandra por vous qu'il ne soit pris. Floov. 27,2. Il ne remansit mie que il ne fut (= fust) mengiez, — Jourd. 2706. Ne puet remaindre qu'il n'i aient dammaige, 1104, — Mac. 153 ff. 1743, Par. 91,15, Viane 2210.

α 3. Der Hauptsatz enthält eine Frage mit negativem Sinn in: Viv. 1110 ff. Est-ce dont voir, por Deu ne me noiez, En Aleschanz soit Vivieus me nies?

Hieher mögen auch Substantivsätze gerechnet werden, die abhängig sind von Ausdrücken wie »par un petit que«, »a poi que«, »mult s'en faut que« etc. Im Altfranzösischen steht nach derartigen Ausdrücken meist der Indicativ mit der halben Negation »ne«, während das Neufranzösische hier den Conjunctiv verwendet.

Amis 1580. Par un petit que il ne l'abatit, Baud. I. 115,8, Floov. 3,31, Orenge 1340, — Buev. 3082. Pou s'en faut ne te faz chierement comparer . . . ., — Cygne 886, Baud. II. 418,19, Doon 259,6, — Doon 157,30. Moult s'en failli petit que le bras n'en sevra, 158,16, — ib. 163,21, Près s'en faut que li cuer ne li faut en plaignant.

Durch »à pou que« sind eingeleitet:

Alisc, 218,29. A poi que n'ai le cuer el cors crevé, 107,17, 107,24,

Baud. II. 256,14, Buev. 644, 1506, Berte 136,5, 146,13, Cygne 17996, 18528,. K. Reise 132, Pampl. 2295, Ren. 74,1, 305,31. etc.
Nach »por poi que«: Aiol 1323. Por un poi qu'il nel fist jus crauenter, — Ant. I. 215,8. Li hostes saut aprés, pour poy qu'il n'esraga, 279,21, Mac. 448 (ohne que), Mort G. 56,15. etc.

Den Conjunctiv finden wir nach derartigen Ausdrücken verwendet in:

Jerus. 1658 ff. La merci Deu de gloire, qui fist Adan, Evain, Petit en eschapa ne soient pris à l'aim, - - Pampl. 4058 .... e bien por pue fali Qu'il ne fust de la ville malemant escreni.

b. Der Substantivsatz ist Object.

1. Eines Ausdrucks der Wahrnehmung.

Da es sich bei den verbalen Ausdrücken des Wahrnehmens, Denkens und der Aussage meistens um etwas thatsächlich Vorhandenes handelt, so steht in der Regel der Indicativ, der Conjunctiv zeigt sich nur unter den bei a. vermerkten Bedingungen.

1 *a*. Der Hauptsatz ist verneint:

Berte 105,2. Autrement ne voi pas que eschaper puissons, — Buev. 279 ff. Mais je ne puis veoir, se Dieu pitié n'en prent, Que on se puist deffendre un home contre cent. Viv. 1334 ff.

Hierher zu stellen ist auch »avoir garde« = »Acht haben auf etwas«:

Ant. I. 264,6. Mais il n'ont garde là qu'on les i puist trover, — Raoul 282,8 .... Dont n'ai-ge gart que soie violée.

1 *β*. Der Hauptsatz ist hypothetischer Art:

Cygne 1692 ff. Et se ge mens de mot, je voel que vous voyés Que je soye pendus, ou ars ou escorchiés, — 27539 ff. Moult volentiers verroie, sy m'aït Jhesu-Cris, Que j'en fusse vengiés, entant que je sui vis.

Anm. Eine Aufzählung jener überaus zahlreichen Beispiele, wo nach den Ausdrücken des Wahrnehmens, Denkens und Sagens, als der Wirklichkeit entsprechend, der Indicativ zur Verwendung kommt, darf ich mir wohl ersparen.

2. Eines Ausdruckes der Gedankenvorstellung.

Die Bedingungen für die Verwendung des Conjunctives sind wiederum dieselben wie bei a.

2 *α*. Der Hauptsatz ist verneint:

1. «**cuidier**»: Alisc. 116,34. Je ne cuit mie qu'en cest ost ait son per,

ib. 175,4, Avign. 80,5, Ant. II. 10,13 ff. 275,2, Aubr. 20,10 ff. (ohne que). Berte 52,13, Buev. 3756 ff., Baud. I. 216,9, ff. II. 201,29, Berta 368 ff., Berte 76,18 ff., Cygne 1109, 4428, Charr. 805 (ohne que), Gar. II. 137,13 ff. (ohne que), Gui N. 36,1, 47,14, Doon 191,7 ff., Huon 152,23, Jourd. 1018, 1084, 2149, Rol. 1844, Orenge 11 ff., Mac. 782 ff., 978 ff., Mort G. 166,1, Pampl. 628 ff., 676 ff. Renaus 63,15, 104,6 ff., 451,2., Ross. 302,32, 329,3, Saisn. I. 261,9, Viane 3246 (ohne que). etc.

2. «**savoir**»: Aubr. 155,1 ff. Diex, co'r ne set li Borgoins Auberis Et Gaselins que ce soit Amauris. Ant. II. 24,3 ff.. Aquin 2213 ff., Baud. II. 128,25. Car il ne savoit mie qu'avoir deust l'onnour, ib. I. 137,9, Cygne 175, 2212, Huon 43,20, 49,35, Looys 2385, Mac. 2436 ff., Mort G. 93,9 ff., (ohne que, 142,14. etc,

3. «**penser**»: Gui B. 129,2 ff. Comment! dist il, dans rois, ne l'oses ja penser Que vos deseure moi pussiez si haut monter! Gar I. 6,7, Baud. II. 204,6, Mac. 2616, Pampl. 756,

4. «**soi apenser**»: Ant. II. 96,6 ff. No baron qui le voient ne sont mie apensé qu'il pour la cité rendre ait venu ne alé.

5. «**croire**«: Aut II. 58,4. Car il ne croient mie que il fust et vis, Ne de son Saint Sepulcre que il fust saurexis, Ne que Dame Diex fust de la virge naquis, II. 175,22 ff., Buev. 4065 ff., 3944 ff.. Berte 59,19, Berte 163,6. Que cele soit ma feme, jà mar le mescrerez. Huon 227,15 ff,, Jerus. 7682, Mac. 135. E'no cre' que un altra fois me vegni (= venias) quest noncer, 400 ff., Mort G. 77,10, Pampl. 4657.

Trotz der Verneinung des Hauptsatzes steht der Indicativ im abhängigen Satze in folgenden Beispielen:

Aiol 761 ff. Ahi, c'or nel saues, Elies peres, Que j'ai si grant bataille chi afinee! Alisc. 127,29 ff. Li quens devise, mais il ne savoit pas Ke tant i ot dou linage Judas Ke . . . . ., Berte 46,8 ff., Viv. 1557, (vgl. Mätzner, frz. Gramm. pg. 344).

2 β. Der Hauptsatz ist hypothetisch oder steht inmitten eines hypothetischen Satzgefüges:

Amis 3229 ff. Se je cuidaisse hui main à l'ajorner, Que volsissiez mes anfans decoler, Remese fuisse, , . ., Alisc. 185,29, — Aquin 1282 ff. Ly paien dient: Vous estes touz deçeu, Si vous cuidez le chastel soit rendu, — Baud. II. 634 ff. Chelle li dist: biau sire, poi ne volés paisier Qui pensés que me soie mise à che chavetier. — Gar. I. 186,6. Se il seussent que ensi avenist Ainçois l'eussent detranchié et ocis. So: Baud. II. 291,33 ff., Cygne 1552, 29765, Huon 48,8, 225,4, 307,7 ff., Berte 112,15, 284,1, Mort G. 170,4 (ohne que), Par. 84,8, — Ren. 106,8 ff., Voluntiers me rendrai, se jo ai seürté, Que jou ni soie ocis et menés à vilté. etc.

2 β. Der Conjunctiv steht, wenn der Hauptsatz eine Frage mit negativem Sinn enthält. So nach:

1. «**cuidier**»: Alisc. 49,9. Quidiés vos ore Ke soiemes bergier? —

ib. 114,32. Cuidiés Ke voise char escumer? — Baud. II. 295,19 Cuidiés-vous que je doie donkes brisier mes lois? — Charr. 93. Cuide-tu, rois, que je ne me démente? — So: Jerus 3732, Gaufr. 49,6, Mort G. 79,22, Looys 748 (ohne que), 2416, 2437, Mong. 452 (ohne que), Rons. 296,21, 380,2, Saisn. I. 213,8.

2. «croire»: Mac. 3002 ff. Creez qe soia que aloga venu Por dir çanson ne faire nul desdu, Se no por combatre à li brandi nu? — Pampl. 3528 ff., Ami dist Maoçeris crois tu qu'il se poist Ataindre cil voisin, chi auquant le sivist?

3. «penser»: Avign. 13,24 ff..... Et par coi le pensastes, di, encrimmé felon, Que je la mort querisse l'empéreor Karlon? Certes, jo nel féisse por or ne por mangon, — Main. I. 32 ff. Ahi! qui le pensast, sire maistre Davi Que vos ja boisissiés ne Hainfroi ne Hendri?

4. «porpenser»: Huon 185,14 ff. Biax niés, dist ele, estes vous pourpensé Que vausissiés faire ma volenté? ——

Während im Neufranzösischen, mit ganz seltenen Ausnahmen, die positiven Ausdrücke des Denkens und Sagens den Indicativ regieren, ist in der alten Sprache sowohl der Indicativ wie der Conjunctiv verwendet worden, je nachdem der abhängige Satz eine Thatsache oder ein subjectives Urtheil des Redenden resp. Denkenden bezeichnet. (cfr. Bischoff pg. 58). — So finden wir den Conjunctiv nach positivem

«cuider»: Alisc. 41,17. Guillames quide ke ce soit fausetés, 48,13, 167,32, Aquin 2608, Aubr. 73,9. 192,32, Amis 1519 ff., 3396 ff. (ohne que), Ant. I. 264,7, II. 96,8, Baud. I. 49,16, 58,29, 60,34, 279,21, 282,14, 307,1 ff., II. 6,7 ff., 190,10, 292,32, 429,22, Buev. 883 ff., Berte 26,10, 56,15, 61,10, 84,5 ff., 108,8, 148,10, Charr. 223, 562 ff., Capt. 230,2, 233,2, Cygne 521, 9833 ff., Doon. 84,25 ff., 163,34, 324,18, Gar. I. 85,12, 266,4, 268,2, Huon 26,15, 34,19, 183,14, 237,7, 291,9 Gaufr. 18,2, 164,11, 219,27, 292,19. Jourd. 3154, 801, Mort G. 125,23, (ohne que), 143,1. 199 (ohne que, 220,5), Main II. 132, Gui B. 24,19, ib. 24,29, 61,27 (ohne que), Mac. 1324, 2543, Pampl. 505, 794, 849, Ogier. 82, 4242, Rol. 3723, Ren. 276,6, 278,38 Raoul 272,16. Ross. 367, Saisn. I. 259,2 Viv. 1469, 1799. etc. Ueber die verschiedenen Versuche, den Begriff dieses »cuidier« zu erklären vgl. Bischoff pg. 57 u. 58. ——

Nicht so häufig wie nach »cuidier«, aber doch weit häufiger als Bischoff a. a. O. pg. 57 betreffs des Altfranzösischen meint, findet sich der Conjunctiv nach positivem

«croire»: Baud. I. 52,24. Et encore croi-jou qu'aucuns si fais en soit. — ib. 116,16. Car je croi qu'il soit mors, bien en scet la matére. — ib. 138,8. Chius-là se débarbette, je croi qu'il nous maudie, 321,11, 344,16, — Ruev. 3526. Je croi bien k'envers nous n'ait pensée renarde. So: Berte 72,15, 117,8, ib. 128,14, 166,6, Cygne 18471, 25862, Huon 28,31, Jourd. 2952 ff.. Mac. 1297, Pampl. 854, 2282 ff. etc.

So auch nach **positivem**
»**penser**«: I. 281,8. Et quant vous penserez que j'aie tant erré ...... —
Buev. 219. Pensez qu'il soit parjures. — Doon 46,29. Pensa que proie i ait, que cil en voeille traire. — Ogier 2752 ff. Jl pense bien, si li vient en avis, Que ne soit hom qui vers li ost guencir. (Die vom Herausgeber in einer Anmerkung angebrachte Correctur: »Qu'il n'ert nus etc.« war nicht nöthig, da ja nach positivem »penser« sich öfter der Conjunctiv findet). —

Der Conjunctiv ist durch »**devoir**« umschrieben:

Pampl. 3928 ff. .... Pensant che de raicom Altumajour devoit Etre roy de la ville.

3. Eines Ausdrucks der Aussage.

Die Bedingungen für die Verwendung des Conjunctives sind wiederum dieselben wie bei a.

3 α. Der Hauptsatz ist verneint:

Avign. 105,18 ff. ...... Ja ne se vantera el regne dont il fu Que il ait l'amirant en baitaille vaincu, — Aubr. 81,34 ff. Ja au partir nen iert teix qu'il s'en vant Qu'il m'ait tolu la monte d'un besant, — Berte 62,11. Que jamais ne dirai, tant com porrai durer, Que soit fille à roy, ... ib. 76,10, — Looys 469. Ne dites mie que je nul tort vos face, 798. Jà ne diront qu'avions fet mauvesteé. So: Ogier 1115 ff., 1267, 1352, (ohne que 2135), 4512, Raoul 42,14, 67,18, 226,17. Rol. 447, 1958 ff. etc.

Jene Verben der Aussage, die an sich schon einen negativen Sinn in sich tragen, sollten eigentlich bei nochmaliger Verneinung, da ja dann die Negation aufgehoben wird, den Indicativ nach sich haben, trotzdem finden wir nach ihnen den Conjunctiv verwendet an folgenden Stellen:

Aubr. 64,22 ff. Se ce est-il, n'iert pax longues celes, Que il ne soit par tens de moi priues, — Gui N. 13,25 ff. Che ne desdi je mie que ne fasse en l'estour Où Garnier prist la plaie dont fu mort à doulour. — Huon 148,10 ff. Je ne puis, certes, mon coraige celer Que jou ne die çou que j'ai en pensé, Mac. 601 ff., — Ross. 289,18 ff. Ce ne puez-tu neier „ne escondire, Ne soies si hom-liges, et il tis sire. etc.

3 β. Der Hauptsatz ist hypothetisch oder befindet sich inmitten eines hypothetischen Satzgefüges;

Berte 89,18 ff. Qui bien les regardast à droit et à loisir, Bien déist que plus belle ne péust-on choisier, ib. 175,4 ff., — Buev. 2779 ff. Ki veïst comme fu Gerars amanevis De son cors à desfendre contre ses anemis, Bien desist que il fust vassaus preus et eslis, Cygne 33386 ff., — Gui N. 9,30. Se vous chen voulez dire qne je traïtre soie,...., — Huon 42,25. Et s'il veut dire que traïson ait ci, De moi desfendre suis-je pres et garnis, ib. 79,2 ff. — Mac. 1024 ff. Dentro fust alé, quand esclamé li fu Qe mantenente elo sia prendu.

3 γ. **Der Hauptsatz enthält eine Frage mit negativem Sinne:**
Avign. 56,31 ff. Amis, dis me tu voir, que Diex ait par en t'amel Que tu por cest besoing soies venus en France Por querre sodoiers á secorre la dame?

Nach positivem Ausdrucke der Aussage steht im Nebensatze zur Bezeichnung der Realilät seines Inhalts der Indicativ; der Conjunctiv steht in folgenden Fällen:

1. nur scheinbar abhängig von einem Verbum der Aussage im unabhängigen Wunschsatze, wenn derselbe in die indirecte Rede getreten ist:
Berte 65,17. Berte le prent et dit qne Diex l'en sache gré, — Cygne 1858. Et ly roys Orians à Dieu mierchy deprie Qu'il y voelle moustrer miracle autorisie...., — Jourd. 3027. Tent lui s'espée et merci li cria, Qu'il li pardoinst se que il le toucha. Gar. I. 282,14. 286,21, Mort G. 36,22 ff.

2. Wenn das Verbum der Aussage zu einem Verbum der Aufforderung geworden ist (cfr. vorher pg. 97 ff.) ⸺

Regelrecht steht nach nicht verneintem »celer« der Conjunctiv:
Berte 169,14 ff. Pepins a bien roi Floire et Blanchefleur celé Que ce soit le preu dom qui leur fille ait gardé, Dusqu'à temps qu'il en sache vraiement la purté. etc.

Nach positiven Ausdrücken des «Versprechens, Uebereinkommens etc». steht gewöhnlich der Indicativ, so nach »jurer«, »creanter«, »plevir« etc. Einzeln zeigt sich auch der Conjunctiv neben dem Indicativ; so:
Avign. 90,19 ff. Car ges envoierai à Ganon l'arragon Par itel convenant qu'il me renvoit Guyon, ib. 79,7 ff., — Floov. 69,7 ff. Donez li vostre file por itel convenant Qae ne voz facent querre Sarazins ne Persanz Que je ne vos secore à XL. m. Francs, — Huon 277,30. Cil jure bien, k'il ne soit traïnés,....— Mong. 857 ff. L'abes li done XX. libres de deniers Par tel convent qu'il ne reviegne arrier, — Raoul 149,15 ff. Par tel convent te fas hui chevalier Tes anemis te laist Dieus essillier, Et tes amis monter et essaucier, ib. 180,19 ff.

In hypothetischen Satzgefügen steht natürlich auch nach diesen Ausdrücken der Nebensatz im Conjunctive:
Aubr. 159,10 ff. Por li juraisse qu'en tot le regne Artu N'eust tel femme com Guibore, mais mur fu,....

Der Conjunctiv nach den Ausdrücken des Scheinens.

Sie stehen im engen Zusammenhange mit den soeben behandelten Ausdrücken der Wahrnehmung und des Denkens, und wir können daher betreffs der Verwendung des Conjunctives für sie dieselben Gesetze zu Grunde legen, die wir bereits nach den Ausdrücken einer Gedankenvorstellung resp. einer Aussage kennen gelernt haben; darnach steht der Conjunctiv:

1. wenn der Hauptsatz verneint ist, wie in:

Doon 187,4. Ne nous est pas avis que vous fachiez assés, — Berte 42,10. Mal semble que je soie de lignage royal, Buev. 1014, 1995. N'i a celui qui samble que point soit esmaiés.

2. Wenn der Hauptsatz hypothetisch ist oder inmitten eines hypothetischen Satzgefüges steht:

Huon 296,32. Mais si (= se) vous sanle, que çou soit bon, ... , Capt. 231,8 ff. Et s'il vous est avis que m'en soie mellez, Velà le roy de France, à lui vous en plaindrez, ib. 172,1 ff., — Ant. II. 206,1 ff. Çou me sembleroit bons, se vos consaus l'agrée, Qu' uns de nous i remaigne o sa grant gent armée.

3. Wenn betreffs des empfangenen Eindrucks noch Unsicherheit vorschwebt. So nach:

»avis est«: Aubr. 197,3. Or m'est avis que tout aies perdu, — Berte 21,13 ff. Envoiez pour Tybert, avis m'est qu'il afiere Qu'il soit de ceste chose et maistres et conseilliere, ib. 21,18. 13, 8, — Doon 149,14 ff. Chen li est bien avis, tel vigour en li sent, Que nus hons, tant soit fiers, puisse à lui de noient. So: Cygne 27423, Gaufr. 146,9, 170,3 ff., Huon 113,28, Gar. I. 261,4, K. Reise 376, Mort G, 23,6, 148,9, Ren. 235,7. etc.

»vist est«: Alisc. 46,16. Dont li est vis k'il soit à saveté, ib. 144,22, — Buev. 3302 ff. Moult tost est descendus vis li ert qu'il afiere Contre tel baronnie, — Berte 35,17 ff. Pardieu ! ce dist Tybers, vis m'est que il afiere, Que nos l'ocions tost puis retournions arière.

»sembler«: Baud. I. 256,11. Il samble que soïés tout III. frere carnaus! ib. 210,31, II. 256,17. Il samble proprement que soïes enivrés, — Buev. 2517. Bien sample qu'il soit bien et tailliés et mollés, ib. 2088, 2822, 2886, Doon 248,5, Mort G. 158,15, Par. 92,15. Pampl. 3472, Viv. 1009, 1310. etc.

Der Conjunctiv ist umschrieben durch »d e v o i r:

Berte 30,14. Il samble à maniere, qu'ele doie desver, — Baud. I. 282,35. . . . . Qu'il samble proprement qu'il doivent esragier.

»faire semblant«: Berte 102,8. . . . . Semblent fait qu'en fust lie, s'en ert son cuer marris, — Capt. 172,1. — Samblant fait que petit ly soit de l'estournie, ... , — Gar. 18,25. . . . . Se (= si) li a fait sanblant qu'il voille à lui joster.

Ist der empfangene Eindruck aber derart, dass kein Zweifel betreffs der Realität des Vorgestellten existirt, so steht der Indicativ: z. B.

Baud. I. 135,43. Il me samble, par Dien, que c'est un lons respis! — ib. 267,7. Moi samble t'ies de Frize, 282,5, — Cygne 100. Moy samble que mespris n'ai point d'un seul espy ....., ib. 34,289, Doon 293,5, — Ant. II. 2282. Ce m'iert vis qu'il n'ont soing de faire mauvesté. — Gaufr. 19,24. Il m'est vis que g'i voi un merveil siglaton, ib. 94,27, Cygne 34284, Gar. I. 270,16, Mort G. 1495, Viv. 1343. etc. — In: Cygne 10908. Semblant fait qu'il ne crient le soudant ung tournois, steht »faire semblant« nicht in seiner gewöhnlichen Bedeutung: »den Anschein nehmen als ob ....«, sondern in der Bedeutung: »in seinem Benehmen etwas hervortreten lassen, was wirklich der Fall ist,« (vergl. Bischoff a. a. O. 70).

Ganz ähnlich der Verwendung des Conjunctives im Substantivsätzen, die abhängig sind von einem verbalen Ausdrucke des Wahrnehmens, Denkens und Sagens, findet sich auch der Conjunctiv in den von »ne pas laissier« und »ne pas muer« abhängigen Objectssätzen:

»ne pas laisier«: Aiol 2914 ff. Or ne lairai por home de desosiel, Que ne uoise ferir tout le premier ...., — Aubr. 53,22 ff. Or ne lairoie por I. mui d'or conble Que je ne uoise a Arras la cite, ib. 45,10, 56,12 ff., Ant. I. 249,13 ff., Alisc. 52,2, Amis 665, 2943. Buev. 3225 ff., Baud. II. 122,20 ff., Berta 174, Cygne 18697 ff., Floov. 6,33, 9,21, Gar. I. 273,12, II. 220,18, 251,33, Gui N. 22.32, Huon 137,17 ff., 169,6 ff., Gui B. 122,26, Jourd. 346 ff., 946. 2395, Mac. 938 (ohne que), 2226, 2435, Orenge 367 ff. (ohne que), 387, 1721, Ogier 1565 ff., Gorm. 208, 221, Pampl. 663, Ren. 5,20 ff., 275,6 ff. (ohne que), Rol. 859, 1206, ib. 1931, Raoul 43,2 ff., 296,26, 297,2 ff., Viane 539,699, Saisn. I- 54,16, 55,7, 117,7, 250,2. etc.

»ne pas muer«: Aubr. 99,7. Auberis l'oit, ne puet muer ne rie, 144,6, Buev. 626, Doon 346,5, Rol. 659, 825, 841, 1599, 2381, 2873, — 834. Si grant doel ai, ne puis muer ne le pleigne, — Ross. 356,16. Non pust muer la donne qu'ele non plor. etc.

Der Conjunctiv in indirecten Fragesätzen.

Während im Lateinischen in der indirecten Frage nur der Conjunctiv, im Neufranzösischen nur der Indicativ verwendet wird, ist im Altfranzösischen sowohl der Conjunctiv wie der Indicativ zur Verwendung gekommen, je nachdem nämlich der Satz überhaupt d. h.: »die Richtigkeit der Verknüpfung des Subjects mit seinem Prädicate« in Frage gestellt wird oder nicht.

Betrachten wir zunächst einige Fälle, in denen der Conjunctiv sich findet.

1. Nach negativem Hauptsatze:

Ant. I. 170,4. Il ne scet qu'il puist faire, Aquin 223, — Alisc. 18,29. Diex, je ne sai quel part mon ceval maingne, 69,20, 17,19 Ne sai quel part je puisse estre guenchis, 18,8, — 81,4. Et je ne sai ou puise avoir garant, — 91,21, Ne je ne sai ou me puisse fler, — 198,9. Or ne sai mais en cui j'aie fiance. — Aehnl. Berte 7,18, 42,6, 63,16, 10,16, Berte 936, Baud. II. 107,10, 129,10, Cygne 968, Gui B. 114,3, Gaufr. 57,13, 104,3, Floov. 8,23, 9,14, Jourd. 3597, Looys 272, 1457, Orenge 1411, Mac. 2229, 2230, 2443, 2927, Mort G. 152,5, Ren. 345,35, 411,1, Ross. 296,11. — Hierher auch: Gui N. 9,23. Il le drecha en piez, ne li caut qui le voie, Char. 57, Jourd. 484. 1194, 2708, ib. 3832, Looys 17, 33, 706, 1623, Orenge 273. etc.

2. Der Hauptsatz ist hypothetischer Art:

Berte 86,7 ff. Se séust li rois Floires comment sa fille el bois Fust, ne en quel manière, ne fust pas ébanois!

3. Nach fragendem Hauptsatz:

Looys 1493 ff. Dex, dist Guillaumes, qui me set conseiller Où ge le truisse, si que'l puisse baillier? — Pampl. 1494 ff. , . . . E dist: Vous que les terres d'Espagne conoisiés, Savés où ci soit terre ne castieus . . . . ? —

Anm. Der Conjunctiv wird vertreten

α. durch den Infinitiv:

Floov. 37,14. Après cele parole ne li set que dire. Gaufr. 240,1, Huon 148,3, — Looys 2256. Que je ne sai où le disme poser, — Gar. II. 253,4. J'entens ici ne sait quel gent venir, — II. 180,3. Je n'ai que faire ne de vair ne de gris, — II. 244,18. Li bers le voit, n'i out que courecier, etc. (Ueber die beiden letzten Beispiele vgl. Mätzner, frz. Gramm, pg. 517. d).

β. durch »devoir«:

Aubr. 17,14. Ne sai quel part doit aler cis chaitis, Berte 43,10, Mort G. 116,24, — Char. 92. Encor ne sai où le grain en doi prendre.

4. Nach positivem Hauptsatze:

Avign. 26,14. Pensez comment Garniers ait la vie finée, — Aubr. 1199 ff. Baron, dist il, conseil uueil demander Comment me puisse uers les Frisons tenser, 124,11 ff., — Cygne 25675 ff. Dame, dist Bauduins, il nous faurra viser Comment privément le puissons saluer, Orenge 1440 ff., — Jerus. 4006 ff. . . . . car vos porpensés Coment puist estre prise ceste sainte chités.

Daneben findet sich der Indicativ in den indirecten Fragesätzen; man vergleiche folgende Beispiele:

Buev. 2722, Car ne sevent s'il est mors ou s'il est en vie, Gar. II. 192,8, — 2761, Ne sot quel part il fu en liuée et demie, — Berte 117,6 ff. Na sai quel mal la prist sous la destre maissele, 116,13. Ne sai que vous en dites, trop en sui esbaubie, — Huon 36,26. Je ne sai donc il est, — 4,7. Ne sai quel gent ont vers moi envaï, — K. Reise 277. Ne sei u est li réis, Pampl

2249 . . . . Di moi com tu ais*) nom e dont tu ies ixus, — Otin. 61,2. Ne set quel part son cheval est tornez, — Rol. 2553. Mais ço ne set quels abat ne quels chiet. 2567, Viv. 1459. Ne sait s'il sont de Sarrazin loi. etc.

II. Der Conjunctiv in determinirenden Sätzen.

Wir theilen die determinirenden Sätze mit Bischoff ihrer Function nach in »adjectivische« und »adverbiale« Determinirungssätze, je nachdem sie an Stelle eines Adjectivs zur näheren Bestimmung eines Substantivs oder an Stelle eines Adverbs zur näheren Bestimmung der durch ein Verbum bezeichneten Thätigkeit dienen.*) Wir wollen zunächst die Verwendung des Conjunctivs in den

„adjectivischen Determinirungssätzen"

betrachten, die wir abermals, der Eintheilung von Bischoff weiter folgend, trennen in »qualitativ determinirende« und »quantitativ determinirende Relativsätze«.

a. Der Conjunctiv in den qualitativ determinirenden Relativsätzen.

Unter einem qualitativ determinirenden Relativsatze haben wir einen Relativsatz zu verstehen, dessen Inhalt die Beschaffenheit eines bestimmten, aus einer Gattung herausgenommenen Einzelbegriffs näher angiebt und hervorhebt. Wir finden in derartigen Sätzen den Conjunctiv

1. wenn die Realität des Artbegriffs dadurch unsicher gemacht wird, dass der Hauptsatz einen darauf bezüglichen Ausdruck des Wunsches enthält:

Avign. 3,19 ff. . , . Si li donez seignor ou conte, ou prince ou duc, Qui maintiegne la terre à force et à vertu, — Baud. II. 61,18 ff. Et prient Jhésu-Crist qui les laist ariver En tel lieu où il puissent desus terre monter, — Gui N. 23,39 . . . . Si li donez moillier qui soit à son talant, — Huon 3,9 ff. Faites l. roi, je vous en veul proier, Qui tiegne France, le païes et le fief. ib. 3,26, 180,27 ff. . . . Lai nous oïr de Huon le menbré Teles noveles qe

---

*) vgl. pg. 10 unten.

**) Betreffs einer weiteren Erörterung und Begründung einer solchen Eintheilung verweise ich auf Bischoff »Der Conjunctiv bei Chrestien« pg. 75 ff.

nous soient à gré. Ross. 319,19. — Jourd. 328 ff. ... Metez la damme el fons de la tor, Preingne conseil à Renier son seignor qui voz soit à creante : K. Reise 603 ff., — Mac. 1573 ff. Si la donò in guarda ad un çivaler, Qi la devoia e condur e mener . . . : . . . ib 3177 ff. Dist li Danois: Ora li envoié Un ves mesajo qe soia de bonté, Qe ben saça parler, e querir pieté, — Paris 42,20 ff. Lai moi le chemin segre, aler et trestorner, Où je puisse mon pere et ma mere trover, 29,11 ff., — Rol. 780 ff, Dunez li arc que vous avez tendut, Si li truvez ki très bien li aīut. etc.

2. **Wenn die Realität des Artbegriffs direct geleugnet wird durch die auf ihn bezügliche Verneinung des Hauptsatzes :**

Aubr. 27,9. Sou ciel n'a terre ou nos fuissiens I. mois. 193,31 ff., Aiol 1295, Alisc. 20,27, Berte 109,13, Gar. I. 4,11, 281.1, Gui B. 1,13 ff., Huon 302,27, Looys 1664, 1705 ff., Mort G. 204,9, Ogier 267 ff., Raoul 65,17, — Aubr. 42,5 ff. N'a mon seigneur ne uodroie fausser Ne chose faire dont se deust irer. 20,13 ff., 252,31. — Berte 85,5 ff. Il n'avoit el païs prioré, n'abéie Dont la Serve n'éust outrageuse partie. Huon 23,15 ff., 122,26 ff., Gar. I. 122,18. II. 40,10. Gui B. 62,13 ff., — Aquin 1740 ff. Lors a Fagon moult grant duel demené, Quar n'a cheval sus quoy il soit porté, — Mort G. 27,8 ff. Je ne doi porchacier ne fornier Par coi mon pere face sa foi mentier, 99,2 ff., — Viv. 1121 ff. Ne ge ne n'ai ne argent ne omier De quoi ge puisse avoir un soldoier. Ross. 292,13 ff.,——— Aubr. 42,4. Je ne pens riens qui nous doie abouter Berte 54,13. Riens qu'un peust mengier n'iot, ne cru, ne cuit, . . ., Cygne 1810. N'ont trouvé qui leur puist nouvielles recorder. Looys 418 ff., 2393,——— Alisc. 72,2 ff. Mais n'ot lui escuier ne garçon Ki li tenist son destrier Aragon, Aquin 732 . . . . n'ya nul qui defaille. 1106, 1413, 1673, Alisc. 7,6, 7,23, 17,20, 28,9, 30,30, Aubr. 4,5, 11,18, 22,23, 62,18, 120,16, 132,1, 222,32, Amis 32 ff., 2365, 2499 ff., Berte 21,4, — In Berte 59,19 ff. Ne croy qu'il éust dame de là dusqu'à Dehur. Qui de si grant afaire fust à tel meséur, ist natürlich der Punkt nach «Dehur» zu ztreichen. ib. 88,10, 171,10 ff,, Ant. I, 28,3, 107,1, 215,7 243,13, II. 147,22, Doon 49,13, 160,12, Capt. 227,12, 238,10, Cygne 5079, 17244, 18000, 25830, Gar. I. 29,6, 84,2, 136,2, 187,18, N'i remaint hons qui de lui riens tenist. 192,1, 246,14, II. 50,6, 114,6, 244,3, Huon 95,12, 151,12, 151,24, 161,16, 188,28, 221,12, Floov. 77,5 ff. Onques Dex ne fit(= fist)ome en ceste sigle vivant Gui vos séut(= séust) à dire . . ., — Ogier 94,8 ff. N'i ot païen qui ainc i demorast . . . ., 3489, Paris 30,6, — Raoul 17,7 ff. En nule terre n'avoit plus bel garçon, Qui plus séust d'éscu ne de baston. 189,10, 198,10, ib. 224,9, 269,13. 331,9, Ren. 119,20, 344,9, 344,13, 396,14, Rol. 4,18, 22, 570, 799, ib. 1433, 1554, 1657, 2723, 3516, Jerus. 408, 1849, 6554, 7329, 7514, — Ross. 316,17. Non a en tote France tant estradier Qui o lui péust corre plus c'un somier, Viane 1582 ff.. 2089 ff. etc.*)

---

*) Daneben finden sich auch unter derselben Bedingung Beispiele mit dem Indicativ, wenn die Realität des auf diese Weise bestimmten Artbegriffs nicht in Frage gestellt wird. Man vergleiche folg. Bsp.: Alisc. 38,24 ff. N'i ot celui n'i ot le cors senglent: Molt fu belc la joste. ib. 211,31 ff. N'i a

In dem den Artbegriff näher bestimmenden Relativsatze ist das Relativpronomen ausgelassen:

Ant. I. 111,9 N'i a cel n'ait clavain au destrier de Surie, II. 4,13. N'i a un tout seul Turc n'ait de ses iex pluré, 74,11 N'i a celui d'entre aus n'ait ses adous saisis. 150,10 ff., — 207,6 ff. Car n'i a chevalier n'ait paor de sa vie, Fors seul Huon le Maine. Ebenso: Avign. 42,14, 99,21 ff., Alisc. 40,29, ib. 56,12, 60,12, 81,4, 104,7, 120,16, 127,32, 137,1, 216,1, Aubr. 35,24, Buev. 141, 327, 373, 480, 634, 871, 1613, 3004, 3895, 3944, Baud. I. 340,34, II. 57,1, Berte 5,9, 16,4 ff., 156,17, Floov. 65,5, Fierab. 12,6, Gar. I. 139,1, 204,13, 201,7, Gar. II. 143,14, 236,5, Gui N. 18,14 ff., 20,19, 45,3, 84,17, 92,29, Huon 98,15, 123,21, 166,9 ff., K. Reise 454 ff., 476 ff., Looys 418, 1278, 1321, 1724 ff., Orenge 76, 107, Ogier 182 ff., 685, 1008, 3964, 4712, Jerus. 2174, 6550, Mort G. 23,21, 81,24, 121,4 148,6, 244,21, Raoul 21,6 ff., 64,9, 85,1, Mac. 2722 ff., Rome 560, 585, Rol, 1442, 1482, 1836, 2254, 2294, 3169 ff., Saisn. I, 228,12 ff., Viane 499,525. etc.

Wir haben nun noch eine Reihe von Beispielen zu vermerken, in denen bei gleicher Construction an Stelle des Relativpronomens, dem neufranzösischen Gebrauche entgegen, das relative Adverb »que« zur Verwendung gekommen ist. (cfr. Bischoff. pg. 85).

α. »que« an Stelle des Nominativs (bei Personen = »qui«):

Aubr. 64,12 ff. N'en i a nul, tant i soit mes priuus, Se par lui estes touchies ne adeses, Que de ma cort ne soit tantost jetes, Alisc. 251,2 ff, Gar. II. 113,7, Gui N. 10,17 ff., K. Reise 17,15 ff., — Berta 471 ff. Non è nul rois en le segle vivant Qe de nobilité soit a lu parisant, — Jourd. 320 ff. Mar i aura escuier nes un soul Que ses talens ne face touz de voz, — Mac. 422. Ne la fo nul qe le responda arer, 486 ff., 976 ff., — ib. 1049. Non est nul homo qe le poüst conter, — ib. 2405, 2742 ff. Non è in ste mondo nesun hon vivant Qe à mon segnor aça servi cotant, — Mort G. 169,13. Soz ciel n'a home que l'poïst endurer, ib. 221,16, — Pampl. 558 ff. Il ne i a nul de nous si bais ne si aou font Que ne soit duc ou prince ou grant marchis ou cont, — ib. 3493 ff. Aou mond n'i a Saracin che à cist poüst soufrir, Rol. 530 ff., 2418, 3462. etc.

β. »que« an Stelle des Accusativs (bei Personen = »cui«):

Aubr. 41,19. Ne ui mais dame que tant peusse amer, 110,10 ff., Avign. 11,9 ff., — Baud. I. 218,3. N'a homme aconsievi, qu'il n'ait mort abatu, — Huon 43,26 ff. Car jou n'i voi ne parent ne cousin Que jou osaisse ne prier

---

celui Ki n'a forment juré Jusqe en Espaigne ne seront aresté Anchois que il nel raient. — Avign. 83,1. N'i a n'abe n'evesque ne voit seaumes disant. — Ebenso die folgenden Beispiele: Alisc. 71,34. N'i a celui n'en baisse le menton. — Berte 282,31. N'i a chelui ne pleure pour Huon, — Gar. I. 266,5. N'i a celui ne se claime chetis, falls wir nicht bereits für diese Denkmäler das Eindringen von «paragogischem e» annehmen wollen.

ne offrir, — Ogier 1348 ff. N'en a païns ne Sarrazins remés Que l'amiraus ichi n'ait amenés, — Mac. 793 ff. Nen fo ma'criatura in cento mondo né, Qe son segnor aça meio pluré Con cel levrer qe tant l'oit amé, — Ogier 2907 ff. Il n'a souz ciel païen n'i Sarrazin Ne chrestien ....., Que tu prisasses vaillant un Angevin, — Raoul 107,16 ff. En toute l'ost n'ot chevalier si grant, Ne homme nul que Raous doutast tant. etc.

je »que« an Stelle des Dativs:

Rome 445 ff. N'i remeigne chatels, dongeons ne ...... Ne femme ne enfant qu'il n'i ait le chief coupé.

Gewissermassen auch:

Floov. 1,6 ff. Et ne trovit nul home, se il an Deu créist, Qu'il ne vosist ocire et les membres tolir, wenn wir »que« zugleich auf »ocire« und »les membres tolir« beziehen; wir müssen sonst »ocire et les membres tolir« als einen Begriff ansehen. ——

Dagegen findet sich die regelrechte Form des Dativs:

Anseis 186. .... Dex ne fist home cui pities n'en preïst. 1942, — Berte 142,12 ff. N'a entour la forest remés .... Cui n'avions raconté trestout le covenant, — ib. 177,13 ff. Sachiez qu'en la maison n'est un tut seul remès ..... Cui de par la royne ne soit grant don donnés. etc.

Vergleiche ferner einige Beispiele, wo die regelrechte Form des Accusativs mit Präpositionen verwendet worden ist:

Baud. I. 259,1 ff. Car qui m'aroit tuet, si m'aït sains Germains, N'ai parent, ne cousin, de cui je fuisse plains! — Huon 225,20 ff. Et car me faites unes armes prester Et I. ceval sour cui puisse monter, — Paris 25,4. A Dex! lele n'a fame à cui poche parler! Raoul 168,15, — Viane 3205. Vos n'aveiz home per cui il fust mateiz. etc.

Regelrecht und dem Neufranzösischen ganz entsprechend ist das relative Adverb »que« in folgenden Beispielen verwendet:

Avign. 82,16. Jamès jor que je vive n'aurai mais le cuer lié, — Huon 96,18 ff. Je ne mengai, bien a trois jors passé Que jou n'éusse mengié á I. disner. — Alisc. 18,18. Jamais n'ert jors ke mes cuers ne s'en plaigne. Gar. II. 54,4, Rol. 915, 971, 1984, 2901, 2915, 3905, — Looys 1995 ff. Ainz ne fu jorz, tant par fust bauz né fiert, Que il n'éust le vert haume lacié.

Hier anzuknüpfen ist die bekannte Wendung: »Je ne gart l'eure que .... .« (= »ich stehe nicht ein für den Zeitpunkt, wo .... .«; dem, nach Bischoff, von Chrestien nur einmal verwendeten Beispiele: Erec 2979. Je ne gart l'ore, qu'il vos fiere« haben wir eine grössere Anzahl von Belegen hinzuzufügen aus den chansons de geste. So findet sich diese Wendung:

Alisc. 133,23. Ne gardons l'eure k'il vous ait afrontés . . . . 133,32, — Berte 51,7 ff. Car je ne garde l'eure que nos soisons versez, 1740. Ge ne garde l'eure que endeus les ocient, — Looys 1459. Ne gardent l'eure que il soient martir, — Mort G. 122,1. Ne garons l'ore que nos soiens ociz, 196,3, 211,2.

3. **Die Realität des Artbegriffs ist zweifelhaft gemacht dadurch, dass**

α. der Hauptsatz hypotetischer Art ist:
Amis 2206 ff. Et s'il i a serjans ne chevaliers . . . . . Qui envers moi ait fraite s'amistié, ... , — Avign. 100,4. Or vient bone chançon, c'il (= s'il) est qui la vos die, — Looys 23 ff. Et s'il est homs qui li face nul tort, Ne doit garir . . . . . , Huon 265,10 ff., 285,14 ff., Gar. II. 334,2 ff., 261,5 ff., Pampl. 727, — Looys 1465 ff. Se ge fusse homs qui aidier li poïst, N'éussent cure de lor seignor traïr, — Rol. 3669 ff. S'or i ad cel ki Carle cuntrediet, Il le fait pendre o ardoir ou ocire, ib. 2824 ff. S'or ad parent ki m'en voeille desmentir, ..., etc.

β. Der Hauptsatz eine Frage mit negativem Sinn enthält:
Amis 93 ff. Par celle foi que tu dois deu porter, Veïz tu home qui me puist resambler? — Berte 32,15. A-il mesaise el monde qu'à la moie compère? — Charr. 2404. A-il François qui por mon cors le face? Raoul 83,19, 116,9 ff., — Mort G. 39,14 ff. Ai-ge céanz ne parent ne ami, Qui cest orgoil m'aidassent a matin?

Das Relativpronomen fehlt in:
K. Reise 9 ff. Dame veistes unkes rei nul de desuz ciel, Tant bien seist espee ne la corune el chief?

γ. Der Hauptsatz ein unbestimmtes Verbum des »Scheinens« enthält:
Aubr. 51,24. Bien sanble fanme qui ait le sens derue, — Char. 1316. Bien sambles home qui jà bien ne se face. — Gar. I. 202,16. Bien resamble home qui terre ait à tenir, ib. II. 95,8. . . . . . . Lion ressemble qui de gaut soit partis. ib. II. 121,10. Charpentiers senblent qui en gau soient mis, II. 204,18, Fierabr. 167,8, Gui B. 88.13, Mort G. 151,15, Ogier 5330. etc.

Wir kommen nun zu einer grösseren Anzahl von qualitativ determinirenden Relativsätzen, deren Hanptsatz zwar auch verneint ist, ohne aber den Artbegriff, der in seinem ganzen Umfange zugegeben wird, unbestimmt zu machen. Derartige Relativsätze enthalten einen einräumenden Character:
Aubr. 4,8 ff. Li rois uos peres i a tele amiste, Que ne prise home que soit I. oef pele, — ib. 203,14. Or n'a il gard d'ome nul qui soit vis, 220,4. Il n'iert ja pris par home qui soit nes, — Alisc. 188,24. Ne lor remembre d'ome qui soit vivans, — ib. 240,1. Ains plus bel prince ne vit nus qui soit nés. So:

Aquin 229, 890, Baud. II. 182,9 ff., Berta 224 ff., 490. 509, Berte 136,16, Char. 318, Cygne 15699, 9530, Gar. I. 242,4, Huon 21,30, 297,23, Jourd. 587, 593 ff.,. Looys 435, 512, Mort G. 85,18 ff., 168,8, Main. II. 132, Ogier 1080 ff., 2116. ib. 4154, Rol. 2740, Ren. 3,12, Ross. 289,5. etc.

Denselben einräumenden Character trägt der Conjunctiv in Relativsätzen, die mit ihrem Beziehungsworte zusammen das zweite Glied einer Vergleichung der Ungleichheit bilden (Bischoff pg. 94).

Aubr. 83,10. Que plus nos doutent c'ome qui soit vivans, 135,11. Plus le desire que homme qui soit vis. 249,22 ff., — Berta 136 ff. Ela oit li pe asa'plus grant Qe nulle autre dame qe soit de son convent, — ib. 57 ff. ..... Et estoit plu anomés en cort de prinçer Qe nul autres qe faça mester. — Mac. 473. Plus l'amoit de ren qe fust vivant, 2154. — Pampl. 400 ff. Car vous serés iluec servis e aasiés Plus-que en un aotre hostel que soit en la citiés, — Viane 3085 ff. Sire Rollant, ne vos soit pais celé, Je vos aim plus ke home ke soit né. etc.

Der Conjunctiv findet sich auch in dem Vergleichungssatze selbst:

Alisc. 227,21. Plus sui haut hom ke il ne soit d'asés, — Buev. 98 ff. Plus ert plaine de grace que ne soit la panthere Que les bestes poursuivent pour sa douce matere, — Gar. II. 89,6 ff. Il fu plus blans que ne soit fleur de lis, Huon 137,1, 228,15, Jourd. 2326, Saisn. I. 218,12. — ib. 168,3. S'en va plus tot que quarriaus ne traisist, — Huon 106,4 ff. Plus tost i sui et venus et alés Que I. chevaus n'ait arpent mesuré, 106,8 ff., — ib. 308,26 ff. Les fourques veul ensement demander, Plus hautes soient c'uns ars ne puist jeter, — Rol. 1636 ff. Plus aimet il traïsun e murdrie Qu'il ne fesist trestut l'or de Galice.

Ohne que:

Gar. I. 270,16. Il est plus sains ne soit une pertris.

Ebenso häufig findet sich aber auch der Indicativ in derartigen Sätzen:

Aubr. 176,3 ff. Plus tost sen uait sus Blanchart l'alose, Que ne fait ueüs, quant il chace ore, — Baud. I. 52,26. Li sergant sont sali, plus tost qu'oisiaus ne voile, Ogier 1760, — Berte 21,3. Miex ressamble Bertain que ne peindroit peigniere, — ib. 81,4. Ele est plus gracieuse que n'est la rose en may, — Capt. 81,3 ff. Adont ly véyciez plus grand feste mener Com ne fait ung paumier qui revient d'outre mer, — Gar. I. 158,2. Il est plus risches que ne fut tes maris, Pampl. 674 ff., — ib. II. 48,8 ff. Plus het Bernat le signor de Naisil Que il ne fait nul home qui soit vis, — Main. I 146. Plus lor donrai de terre c'onques n'en tint Pepin, ib. I. 155, Mort G. 12,10, 34,22, Mac. 1436, — Pampl. 719. E cil dormoit plus fort que ne fait un tasson, — Rol. 1725. Mielz valt mesure que ne fait estultie. etc.

Fraglich ist der Modus in:

Buev. 1402 ff. Sire, fait il à lui, bien nous a Diex aidie, Moult miex que ne cuidiés avoirmes esploitlé. — Looys 1814 ff. Encor vos mande (porquoi le celeron?) Plus cruel chose que nos ci ne dison, Pampl. 4122.

Conjunctiv und Indicativ sind nebeneinander verwendet in: Berte 73,15 ff. La char avoit plus blanche que ne soit blanche laine Et les cheveus plus blons que onques n'ot Helaine.

Zur Erklärung für die Verwendung der verschiedenen modi mag Folgendes gesagt sein: »Wird das in dem verglichenen Satze Ausgesagte nur im verallgemeinernd einräumenden Sinne angenommen, so steht der Conjunctiv, wird es aber als etwas thatsächlich Existirendes hingestellt, so steht der Indicativ.«

Ebenso ist es der Fall in Relativsätzen, deren Beziehungs. wort von einem superlatvischen Attribut begleitet ist. Der Conjunctiv findet sich:

Amis 506 ff. Damme, dist-it, mal ditez et pechié Dou meillor home qui onques fust soz ciel. So: Aubr. 33,22, Alisc. 77,32, 132,27, Berta 321, Cygne 29315 Char. 321, Coon 254,5, Floov. 28,22, Gar. I. 150,4, II 30,9. 249,1, Huon 18,30, Mong. 370, Mac. 1483, Main. I. 103, III. 65, Mort G. 132,18, Pampl. 375, Ren. 113,36, 231,35, Ross. 319,4, Viv. 4 ff. —— Gar. II. 272,6. Ce fu li Mieuldres qui sor destrier séist, Mac. 2455 ff. Eo farò la bataile cun li meltri canpion, Qe soia in l'oste de l'inperer Karlon, Ren. 158,11, Mac. 1202 ff. —— Buev. 575. C'est li miex que g'i sache, ib. 1865, —— Baud. I. 16,3. Mais c'est li plus hardi qui puist de vin gouster. Aehnl. 21,4, 322,2, II. 119,31, 421,5, Berte 98,1, Capt. 2,20, Char. 138, Cygne 169, 10969, 18460, Doon 190,4, Fierabr· 4,32, 20,2, Gar. II. 69,5, 240,19, Gui N. 18,12, Jerus. 6403, Mac. 119, Mort G. 153,2, Ogier 666, 748. —— Baud. II. 119,23 ff. Mais que Gaufrois n'i soit, li lères maléis, Li pires hons qui soit jusqu'as pors de Brandis,

Der Indicativ findet sich in unsern Denkmälern seltener:*)

Nach »li premiers«: Buev. 1913 .... Li premiers qu'il atainst fu à terre portés, — Floov. 65,9 ff. Li premiers que il fiert si n'ai de mort garant Que la teste n'an face voler enmi le cham. —— Aiol 1804 .., ... Del plus bel cheualier qui onques mais fu nes! — Gui B. 8,24. Et si face sa mer et sa serour antrer Et tout li plus viel homme qu'il a en son rené, — Gar. 298,7, C'est la plus belle qui onques mais naquit, — Jourd. 3006. Sa lance brise la plus fors que il a, — Ross. 321,33 ff. Tot le meillor conseil que ge en sai,. Veirement, ce dist Folques, le vos dirai.

Betreffs der drei letzten Beispiele könnte man annehmen, dass die entsprechenden Verbalformen dem Reime zu Liebe gebildet seien; wir dürfen aber von einer solchen Annahme abstehen, da ja in mehreren Beispielen der Indicativ zur Verwendung gekommen ist. —

---

*) cfr. Kowalski a. a. O. pg. 40.

Ein passendes Beispiel für die Erklärung des Modus findet sich noch:
>Otin. 22,8 ff. Combatus sui du melour combatant Qui onques fu ne jamès soit vivant.

Anm. Ebenso steht der Indicativ regelrecht in folgenden Beispielen:
>Aiol. 572. Cascuns al miex qu'il peut l'autre requiert, Huon 124,1. A miex qu'il pot est levés sor ses piés, 184,19. — Rome 844,19. A plus tost que il pout en fuie s'est tornes. etc.

Der Indicativ steht, um das thatsächliche Vermögen des in Rede stehenden Subjectes auszudrücken. (cfr. Bischoff pg. 97).

Wir gehen nun über zu den **eigentlichen Einräumungssätzen**. Sie sind Relativsätze, die durch »que« eingeleitet, sich an ein voraufgehendes interrogatives Pronomen oder Adverb anlehnen (cfr. Diez III⁴ 363). Der Modus in derartigen Sätzen ist meistens der Conjunctiv, der Indicativ steht nur dann, wenn eine Thatsache als wirklich vorhanden dargestellt wird.

Zunächst betrachten wir die Fälle, wo der **Conjunctiv** zur Verwendung gekommen ist:
>»**qui que**«: Aubr. 59,14. El palais vint, qui qu'en poist ne qui non, ib. 60,8, 127,21, 228,15, Alisc. 108,9 Avign. 3,12. — Ant. I. 196,3 Frestot passent le pont, qui qu'en plore (= plort) ou qu'en chant. 207,8, II. 32,9, 242,14, 299,11, Charr. 71, Capt. 12,11, Cygne 9221, 10544, 25261, Doon 167,17 214.20, Floov. 9,23, Fierab. 8,7, 135,22, 165,20, 184,8, Gar. I. 53,1, II. 37,18, 96,10, 207.14, Gui B. 82,25, 129.5, 129,9, Huon 33,12, 41,21, Mort G. 5,6, Paris 53,29, Pampl. 41, 352, Ren. 42,2, 48,6, 340,29, 354,25, 407,29, Rol. 1278, 3364, Ross. 357,21, Viane 672, 2267, Viv. 1768, etc.

„**qui qui**" an Stelle von »qui que«*) findet sich an folgenden 3 Stellen:
>Aiol 980. Qui qui me tiegne a uiel, je me tieng chier. — Baud. II. 207,17 Mais qui qui éust joie, Gaufer avoit dolour. — Capt. 6,16 ff. Lors jura Jhesu Crist, le pere glorieus, Que Huon ochira, qui qui en soit ly noeulz.

«**que que**»: Ant II. 158,15 ff. Que que cis quens en face, vencus et abosnies, Sachiés que depéor est en fuies tournés, Aquin 1724, Avign 126,11, Berte 103,7, Gar. I. 221,16, 252,8. Jerus 60, Mort G. 34,16, Raoul 201,18 Rome 558, Rol. 3827, Ross. 392,23 ff., Saisn. I. 225,17. etc.

„**qui que**" an Stelle von »que que« findet sich:
>Aubr. 15,18. Gar I. 200,20 ff., Mort G. 445,9.

---

*) Vgl. W. Förster, Anm. zum Aiol et Mirabel, pg. 447.

»**quol que**«: Aiol 218. Car nel tient on a sage, coi que nous en die, Alisc. 127,13, Baud. I. 262,12, Berte 152,5, Capt. 76,20. Cygne 5007, 18565, Doon 191,33, 282,33, Gar. II. 81,4 ff., 264,3, Gui N. 91,30, Jourd. 3849. etc. «**quel que**»: Aubr. 12,16, Quil (= quel) que il soit, riens ni gaaignera Mac. 419... Mal aça qnel qe voia sego tençar: — Otin. 41,14 ff. Ja fust le chapelle du quelqë soit finez, Ne fust la presse qui les a desevrez. Rol. 593. De quel que seit Rollanz n'estoertrat mie. ——— Berte 81,15. Tres bien vous servirai, quel paine que j'en aie. 885,5 (quele part qu'ele voise!); Paris 22,14, Saisn. I. 165,6 ff. (qel ore que il viegnent), I. 214,2 (. . , . de quel ore que soit). etc. »**lequel que**«: Alisc. 176,14. Liquex que faille, à mort somes torné. Gar. II. 247,12, Ogier 1845, Otin. 57,12, Raoul 172,7, 177,17, Viane 622 ff., 759, etc.

»**comment que**»: Alisc. 12,25. Comment K'il prenge, n'en puis estre escapée . . . . , Aubr. 83,27, 322,3, Avign, 43,33 ff., Baud I. 49,7 ff., 262,4, 277,11, ib 366,22 ff., Buev. 40 ff., Jourd. 755, Raoul 112,7 ff,. 297,10 ff., Ren. 362,16 ff. etc.

»**où que**»: Gar. II. 221,14 ff. D'or et d'argent fet chargier dix roncins,. Où que il vengne que il soit bien servis. Looys 587, Saisn. I. 34,8. etc.

»**quelque . . . . que**«: »quelque« statt »quel« als attributives verallgemeinerndes Pronomen zeigt sich im Altfranzösischen bei weitem nicht so häufig wie in der jetzigen Sprache, im Volksepos findet es sich sehr selten :

Saisn. I. 170,2. Là li covint foïr quelque gré q'il en ait. Jourd. 2923 ff. (ohne das relative Adverb «que»).

Hier einzufügen sind auch folgende Beispiele:

Baud II. 21,23. Coers, **con mauvais qu'il** soit, à le fois se décline . . . . . Capt. 79,5 ff. Mais cil de Paris furent en mervilleus dangier **Combien qu'il** s'i prouvassent comme hardy et fier.

Wie bereits bemerkt worden, stcht meistens in den Verallgemeinerungssätzen der Conjunctiv; soll aber eine Thatsache als wirklich vorhanden dargestellt werden, so steht der Indicativ. So:

Baud. I. 205,5, Quiconques n'a plasanche ne poet avoir delis. — Berta 595 ff. El non è çivaler, qnel qe est li plu membrés, Cun q'il non çostri a lança et a spés. — In: Gui B. 88,14 Où que il voit Guion, Si l'a halt salué: ist »ou que« nicht verallgemeinernd, sondern = »**sobald als**« (cfr. W. Förster: Anm. z. K. Reise pg. 113).

Durchgehends steht auch **quanque** (= quantum quod) mit dem Indicative. Vgl.

Aquin 1545 ff., Nesmes ly ducs tint le branc aceré, Quenqu'il ataint à plain coup est finé, — Cygne 1729 ff. Car li fait Matabrune, 'quanqu'elle avoit brassé, Venoient toudis mal de degré en degré. — Ren. 355,8. Adont en vint vers lui quanque il pot destendré. — 440,14. Je ne volroie pas . . . . . pour quant que vous avez. etc.

Anm. In Ren. 335,38 ff. Que que il vont parlant et font devision, S'est li rois esvellies et se dreça amont, Aubr. 210,23, 229,15, etc. ist »que que« nicht verallgemeinerd, sondern = »pendant que«.

»Häufig« sind auch im Volksepos jene Beispiele, in denen der zu verallgemeinernde Artbegriff durch »por« = »um . . . . . Willen« eingeleitet ist, und zwar zeigt sich »por« in dieser Bedeutung nur in Verbindung mit einem Substantiv, nicht wie in der neueren Sprache, mit einem Adjectiv. Beispiele solcher Art sind:

Aubr. 25,26. N'i aures garde por home qui soit vis, 28,8, Avign. 120,3. Ne ja n'en sauront mot por ame qui soit née . . . ., — Ant, II. 209,8. Jou ne te crerai mais por riens que on me die. — Baud. I. 208,1. Pour riens que Bauduins l'en sache adont priier. Aehnl. Alisc. 59,18, Cygne 5660. Floov. 36,12, 58,9, Huon 120,9, 170,9 ff., Mac. 944 (por paûr d'omo que sie), Mort G. 47,8, Ogier 2916, Pampl. 302, Ren. 402,5, Ross. 314,25, 356,14 Viv. 22. etc.

Um nun das Capitel der Einräumungssätze hier ganz abzuhandeln, wollen wir noch einiger Beispiele Erwähnung thun, in denen der Concessivsatz durch Partikeln wie »bien que«, »pourtant que« etc. eingeleitet ist:

Pampl. 343. ff. , . . . Qni en comprast aucun, tantost perde la vie, E che cescun Lombard, **bien qu'il** n'ait gentilie Che remise li soit de sa ancesorie, ... ,, — 489 ff. Ami dist l'emperer por la veraie crois Vous ne saurois querir ore ne autre fois Si grand don ne servis, **bien qu'il** fust sour mien pois, Che vous tout ne l'aies avant conpli le mois. — Baud. 1. 206,12. Ne'l fai mie **pourtant** que m'en doie esmaïer,

Hierherzustellen ist auch »**mais que**« im folgenden Beispiele: Ren. 249,8. Je vos rendrai Richart, mais que bien poit (= poist) Karlon. (Vergl. Bischoff pg. 21); und schliesslich »**malgré que**« in der von »Mätzner, frz. Gramm. pg. 347, γ,αα« erwähnten volksthümlichen Ausdrucksweise: »malgré qu'il en ait«, wo »que« eigentlich Fürwort ist. Vergl.

Doon 161,4 ff. Lors viennent à Doon, à terre l'ost versé, Malgré que il en ait, l'ont iluec desarmé, En leur palès plus grant l'en on issi mené.

b, Der Conjunctiv in quantitativ determinirenden Relativsätzen.
(Vgl. Bischoff a. a. O. pg. 78 ff.)

Der Hauptsatz ist stets negirt:
Amis 32 ff. Dex ne fist home qui de mere soit nés, Qui les plus grant en séust deviser.*) 2297 ff., Berte 11,2, Charr. 852 ff. — Cygne 5079 ff. Il n'est roys Sarrasins c'on péuist deviser Qui le moitiet péuist tel nobleiche. ib. 25880 ff., Gar. 181,21 ff. N'ot panetier qui le déust servir, . . . „ Qui ne portast letres par les pais. II. 136,8, — Huon 165,30 ff. Dix ne fist arbre qui péust fruit porter Que il n'éust ens el vergiet planté. 273,25.

In folgenden Beispielen tritt der qualitative Relativsatz, welchen den quantitativ determinirten Artbegriff weiter bestimmt, unabhängig ein:
Ant. 42,11 ff. Onques Diex ne fist home qui de mere fust nés, S'il oïst lor dolors, ne l'en presist pretés. Ebenso: Jerus 6105 ff., Ogier 948 ff., Viv, 461 ff.

Endlich ist noch als hierhergehörig zu erwähnen das dem »que je sache« (cfr. Bischoff pg. 98) entsprechende »que me puisse mambrer« in:
Paris 42,19ff. Si voirement, beaux sire, com ce est verité, Lai moi le chemin segre, aler et trestorner, Qù je puisse mon pere et ma mere trouver, Que onques ne les vi que me puisse mambrer.

Die adverbial determinirenden Sätze.

Wie bereits früher bemerkt worden, werden die adverbial determinirenden Sätze an Stelle eines Artbegriffs zur näheren Bestimmung der durch ein Verbum bezeichneten Thätigkeit verwendet. Ueber den Modus in derartigen Sätzen ist dasselbe zu sagen wie bei den zuvor behandelten determinirenden Relativsätzen, d. h. der Conjunctiv tritt auch hier ein, wenn die Realität der durch ihn begrenzten Art der Vollziehung der Haupthandlung in Zweifel gesetzt wird.

Wenn wir aus der von Bischoff pag. 101 erwähnten Eintheilung anschliessen, haben wir zunächst die eigentlichen adver-

---

*) Der Gattungsbegriff »home» wird zunächst quantitativ beschränkt durch den determinirenden Relativsatz »qui de mere soit nés«, und der so erhaltene Artbegriff »home qui . . . . « wird weiter determinirt durch den nachfolgenden qualitativen Relativsatz: »qui le plus grant . . . . . « —

bal determinirenden Sätze zu betrachten, und unterscheiden da wieder:

1. Negative Nebensätze mit »que .... ne«, denen ein negativer Hauptsatz vorangeht; sie können meist durch »ohne dass« wiedergegeben werden:*)
Aubr. 240,3 ff. Je n'en prendroie d'or fin plaine une tour, Que je nel pende ou arde en I. chaut four. Huon 116,32, 136,27 ff., — Alisc. 59,21 ff. Ceste parole n'ert ja en France oïe Par messagier c'on nel tigne à folie. 221,32 ff., Avign. 1086, 122,2 ff., — Buev. 2123 ff. Gardez que nus n'en isse, ne soir ne matinée, Que avant ne le sache. — Baud I, 104,26 ff. N'oze estre demourans, Que ne le relenquisse li autres remanans. — Huon 152,34. Dedens infern n'a diable ne mau fé Que il ne soit de mon grant parenté, 171,1 ff., 183,9 ff., ib. 191,8, 304,30 ff., Floov. 58.20, — 266,16 ff. Il n'enteroit jamais en s'irité Qu'il n'en éust anchois au roi parlé, — 274,1 ff. Tou n'arai ja un denier en baillie Que le moitiet n'en aiés, biaus dos sire. — Gar. I. 243,10 ff. Il n'est nuns jours, trois fois, ou quatre, ou sis, Que il n'en issent por les nos assalir. ib 251,4 ff., — Jourd 468 ff, Ne venras mais en cort ne en païs, Que tu ne soiez monstrez comme chaitis. 2215, 3849 ff., — Jerus. 2510 ff. Jà n'en escapera li meudres, ne li pire, Qu'il ne nos fache tos detrencher et ochirre. — Mong. 275. Nus hom n'i passe qu'il ne soit desrobé, 311, Mort G. 40,18 ff., ib, 92,2, Ogier 1420, 4295 ff., 4838, Otin. 2,10, — Orenge, 1464 ff. Qu'il n'ont fet chose né dit né devisé, C'uns Sarrazins n'ait trestout escouté. Ren. 107,9 233,36 ff., Rome 554, Viv. 6 ff. etc.

Der adverbial determinirende Satz tritt unabhängig ein:
Jerus. 6254 ff. Les puet garir haubers, tant soit menus mailiés, Ne lor facent les flans et les costes raïnier, — Ren. 153,30 ff. N'en prendroit nul de nos, tant fust enparentés, Il ne refust prendus et au vent encroés. Ross. 289,20 ff., —

2. Adverbial determinirende Sätze, welche einen die Handlung des Hauptsatzes begleitenden Nebenumstand angeben. Der Conjunctiv steht

α. wenn die Handlung beabsichtigt ist:
Aubr, 88,31 ff. Au derpartir li soit gueredoune, Si qu'il n'i ait toneie ne estriue, — Aquin 2790 ff. Sur le char fait nng paveillon fermer Oue vent ne pluye ne peüst le roy grever, Ant II. 25,7 ff., 32,19 ff. Anque nuit moveront coiement à larron, Que Crestien nel sachent que moult forment haons. Gui B, 118,17, Gui N. 9,28, Huon 120,1 ff., — Baud. I. 208,18 ff, Je voeil que li fachiés tous ses dras despoelier, Si qu'il ne li demeure (= demeurt) ne maille, ne denier. Berte 11,8, Cygne 9310 ff. Sonnoient tymbre et cor, et ses trompes d'argent, ..., Que la terre en tombist avironnéément. — Floov. 60,27 ff. ... S'en voit tot cest lariz avaul esperonant, Si que ne saichent j'ai (= jai = jà)

---

*) Cfr. Mätzner, frz. Gramm pg. 349,88.

Sarazins et Persanz . . ., — Gui B. 35,24 ff. Sie en faites livrer à vostre ost par raison, Si que povres ne riches n'an ait fors que pardon. — Huon 300,5 ff. Jou le cuidai par jugement mener, Si que n'en fuisse de nul homme blasmé, — K. Reise 607 ff. . . . . Sur cel piler de marbre Me chulchies dous deniers Ke li uns seit sur l'altre. — Mac. 496 ff. . . . . . Ne mostri Deo vendeta in breve tanp, Si que le saça (= lat. sapiat) le petit e li grant. 3237 ff., — Pampl. 19,2 ff. Or donc dou bien ferir Ce che avons commenelé, si che gabier ne rir Ne se puissent de nous celour qu'en ont dexir. 2207 ff., 2388, — Viane 884 ff. Et si saveiz (= sauvez) Olivier lou hardi, Si ke raller s'en puist et sainz et vis etc.

β. wenn der Hauptsatz hypothetisch ist:
Amis 2402 ff. Se voz le faitez ainsiz com l'avez dit, Que le gietez dou regne et dou païs, Que ne'l veïsse ne aler ne venir, Je voz donroie . . . . ., — Gui B. 83,3 ff. Se vos avés en vous et proesce et bonté, Que vos en l'ost Karlon me vousissiés mener, Que je n'i soie entr'aus ledengiés ne chosés, Au jugement des Frans me voldrai atorner, — Huon 154,1. Se tu avoies VCC hommes tues Et l'amiral si feru sor les nés Que li clers sans fust a tere volés, ... — Huon 237,12 ff. Frans hom, por Diu, se vous poés errer Que jou péusse de çaiens escaper, Je vous requier aveuc vous me menés, Ross. 591.12, 292,11 ff.

γ. nach fragendem Hauptsatze:
1. naeh directer Frage: Looys 1943 ff. Dex, dist Guilaumes, qui me set conseiller Où ge le truisse, si que'l puisse baillier? 798 ff.
2. nach indirecter Frage: Baud. I, 366,35 ff. Je ne sai quelle voie nous lor irons monstrant Qu'escapier puissions d'iaus, et aler à garant?

In folgenden Beispielen derartig determinirender Sätze ist der Indicativ verwendet worden:
Avign. 5,25. Et Aie parla si que bien l'ont entendu, — Buev. 1263. Cil dist à Clarion, si que tout l'ont oii, 2150.

3. Adverbial determinirende Sätze, welche die Art, wie sich die Handlung des Verbums im Hauptsatze vollzieht, in sofern näher bestimmen, als sie die durch dieselbe hervorgebrachte Wirkung angeben. Der Conjunktiv findet sich unter denselben Bedingungen wie vorher:

α. Die Wirkung ist beabsichtigt:
Berte 28,19 ff. Je vous pri sur la foi que vous m'avez jurée, Que ceste chose soit si tenue et celée Que nul hons ne la sache qui soit de mére née, — ib. 33,12 ff. Pource que la vouloit tellement esmaier, Ou'ele ne déist mot ne que n'osast noisier, — ib. 118,9 ff. Mais la vielle l'ala d'un baton si ferir Qu'ele en féist le sanc à la terre gesir, Buev. 387 ff., — Cygne 17326 ff. . , . assalant telement Qu'il n'y ait Sarrasin qui . . . ., Gui B. 91,5. Or vos pri jo, por Dieu

qui an crois fu penés, Que vos le jugiés si qu'il soit honorés, — Ross. 365,24 ff.
E si el faites eissi por meie amor, Que ne l'sachent là fors cel gabador,
Chevalier ne servent losenjador.

β. **Der Hauptsatz ist hypothetisch oder steht in einem hypothetischen Satzgefüge:**

Baud. I. 281,7 ff. A la porte delà irai, parmi che pré, Et quant vous penserez que j'aie tant erré Oue je soie en la porte, s'entrez à che costé. — Gui N. 56,3. Se Kalles puet tant fere que soie assegiés, Hervieu fera...., — Mong. 509 ff. As povres gens déussiés tant doner Que vostre vie péussiés amender.

γ. **Der Hauptsatz ist verneint:**

Char. 1000 ff. Ge ne sai tant né poindre né bouter Que je les puisse de lor pas remuer. Huon 122,20 ff., 124,12, — Mac. 980 ff. N'en cuitoit mie le fato fose si alé, Qe por un can fose vinto ni mate, 984 ff., — Raoul 133,3 ff. Il ne sot tant son cheval esforcier Ne le passast I. roncins charnier (ohne que).

Anm. Wird von der Wirkung als von etwas thatsächlich Eingetretenem gesprochen, so steht der Indicativ:

Floov. 65,11 ff. Ainz que il fusent outre en i ot noié tant Que par desuz les morz an vont li vis flotant, — ib. 77,10 ff. Tu cil qui iluc vindrent gaainerent itant Que, tant com il vequirent, furent riche et menant. etc.

4. **Die Temporalsätze:** Sie stehen im Conjunctiv, wenn die, die Handlung des Hauptsatzes temporal determinirende Handlung des Nebensatzes irreal ist.

a. Nach »tant que«, »tant com«, »tresque« und »jusque« findet sich ebenso häufig der Conjunctiv wie der Indicativ.

»tant que« (= so lange bis):

α) mit dem Conjunctive: Aiol 431, 204, 1799, Amis 1792, 2019, Alisc. 14,22, 46,20, 72,22, 165,10, Aquin 1227, Ant. I. 174,8, 195,22, 197,1, 212,14, ib. 246,5, 276,12, II. 5,10, 31,15, 88,8, 281,8, Aubr.69,21 ff., 107,22, Baud. I. 23,2, 23,8, 353,16, 281,8, 321,14, 348,26, II. 8,17, 71,10, 227,20, 241,23, 303,34, ib. 425,9, Berte 64,11 ff., 76,7, Berta 428, 439, Buev.1790, 2085, 39,17, Capt. 44,27, 78,16, 123,23, 186,15, 229,26, etc. etc.*)

β. mit dem Indicative: Aiol 97, Ant. I. 23,1, 49,1, 86,19, 177,13, 204,16, ib. 269,1, II. 69,3, 71,2, 73.1, 143,13, Amis 37, 61, 62, 1475, 1597, 2461. Alisc. 228,8, 233,21, 249,34, Avign. 33,20, 58,28, 127,25, 118,4, Aquin 1055, 1188, 2178, Baud. I. 8,34, 21,1, 59,1, 137,10, 255,16, 169.1, 276,1, 278,5, 178,8, 318,17, ib. 349,21. II. 3,1, 47,20, 53,1, 56,20, 56,28, 116,1, 127,25, 132,4, 187,24, 189,26, ib. 206,16, 208,28, 254,4, 263,25, 309,10, 406,6, 416,2, 411,3, 423,26, 446,1. etc. etc.

---

*) Ein vollständiges Verzeichniss für alle Denkmäler darf ich mir bei der überaus häufigen Verwendung dieser Conjunctionen wohl ersparen.

»**tant com**« (= so lange als):

α. mit dem Conjunktive: Alisc. 7 19, 8,3, 14,18, 69,2, 77,4, 189,29, 220,22, Aubr. 26,26, 81,31, 112,21, 195,26, Ant. I. 92,13, 115,3, II. 92,15, Baud. I. 55,17, ib. 58,5, Berte 39,11, Gaufr. 95,17, 100,21, 190,21, Gui B. 85,11, Gui N. 57,12, Jerus. 1708, 6337, 6609. etc. etc.

β. mit dem Indicativee: Aiol 297, Alisc. 56,22, 249,2, Avign. 43,3, 43,18, ib. 407, 97,2, Berte 7,18, 62,11, Doon 19,20, 163,4, 189,4, 242,8, 263,22, 272,3, ib. 280,15, 283,1, 287,33, 292,19, 294,13. 294,13, Gar. I. 15,4, 59,9, II. 58,8, ib. 221,1, 169,21, 176,14, Gaufr. 14,32, 55,14, 91,12, 135,33, 186,17, 212,10. etc. etc.

»**tresque**« (= bis):

α. mit dem Conjunctive: K. Reise 463 ff. N'en iert mais receuz par nul hume carnel Tresqu'il seit plaine haoste de tere desterez, — Looys 1268 ff. Ja n'en auroiz vaillant un seul dernier Trusque ge soie levez et baptisiez. So: Mort G. 68,10 ff., Ross. 289,24, 307,19 (ohne que), 385,22.

β. mit dem Indicative: Alisc. 35,7 ff. . . . . Ne mangerai ne nen aurai béu Treske je t'ai ou mort ou recréu Ou par la geule à I. arbre pendu. So: K. Reise 236, 703, 770, Mac. 3285 ff., Ross, 384,27.

»**jusque**« (= bis):

α. mit dem Conjunktive: Alisc, 51,10 (deske), 72,7 (dusqe), Aubr. 250,6 (jusque), Baud. I. 14.9 (jusqu'atant que . . .), Buev. 2790 (dusqu'atant que), Floov. 58,24 (dusque), 66,33, Jourd. 758 (desci qu'atant que), Looys 25 (desi que), Mort G. 108,10 (jusque), 126,22 (jusqu'a cele ore que: Gar. I. 267,8), Ren. 77,18 (desi que au demain que), Paris 82,17, Rol. 2439, 2663, Saisn. I. 233,9.

β. mit dem Indicative: Avign. 30, Alisc. 4,18 (duske), 47,26 (dto), Amis 516 (desi que), 724 (jusqu'au matin que), Buev. 216 (dusqu'à tant que: 225, Berte 57,12, Capt. 221,25, Cygne 1922, 10835), Huon 279,17 (dessi que), Jerus. 465 (dusque: ib. 2465, 4355).

b. Nur mit dem Indicative finden sich:

»**enfresci que**« (= bis): Avign, 120,3 ff. Ne ja n'en sauront mot por ame qui soit née Enfresci qu'il auront la forest trespassée, Jourd. 950, — Main. 73 ff. Cele nuit jut li os sous Florimont el pré Enfrecsi k'au demain k'il virent la charté.

Anm. »Enfresci que« resp. »entresi que« ist nicht Conjunction sondern Präposition:

Avign. 40,26, Floov. 37,30, Main. I. 122. etc.

»**des que**« (= sobald als): Gui B. 120,6. Et il si firent sempres dès qu'il l'ot commandé, Jourd. 744. etc.

»**tantost com**« (= sobald als): Berta 152. Tantosto cum il oit la parole finie, . . . , Paris 53,29. Tantost cum il oit les vit, si conance à plorer. etc.

»**puis que**«: Fierab. 17,5, 21,16, 27,19, 113,33. etc.

Anm. Wenn in den folgenden Beispielen nach »puisque« der Conjunctiv steht, so ist derselbe dadurch zu erklären, dass

5*

der Temporalsatz die Stelle eines Nebensatzes in einem hypothetischen Satzgefüge vertritt:

Cygne 2750 ff. S'éuissiemmes éut et par bonne amisté Le roy Machabeus et le roy Jossué S'éuissiemmes esset desconfit et maté, Puisque venut y fussent cil qui sont blanc armé, — Fierab. 12010 ff. Se il me venoit sers qui fust autre regné, Puis k'éust en ma tere I. seul an conversé, Seroit il tous jourc frans par droite néeté.

c. **Nur mit dem Conjunctive steht**: »**por tant que**« resp. »**com**« (= so lange als):

Avign. 66,29 ff. Ja portant que je vive n'aurai mais mon cuer lié, ib. 115,26, Ren. 110,23, 237,26, Viane 2269 (por tante comme je vive).

d. **Gewöhnlich mit dem Conjunctive steht**:

«**ains que**« (ainz que, eins que, einz que, ainçois que, einçois que, enceis que, anscois que, anchois que, ençois que, entsois que, ans que, anczez que, ainchiès que. etc.) So: Amis 19, 168, 692, 1552, 1997, 3195, Alisc. 10,31, 30,19, ib. 32,21, 45,18, 46,21, 54,6, 76,6, 79,3, 79,20, 106,14, 108,25, 131,26, 133,12, ib. 166,14, 167,5, 187,21, 211,33, 215,14, 218,8, 240,31, 336,34, Aubr. 3,25, 5,14, ib. 5,27, 11,5, 19,13, 15,14, 72,15, 115,5, 118,7, 116,20, 122,3, 122,6, 127,19, ib. 147,14, 177,9, 179,16, 182,13, 193,14, 201,29, 207,4, 207,29, 217,3, 233,3, ib. 234,26, 253,6, 277,4, Aiol 41, 465. 1250. 1256, 1627, 2958 etc. etc., überaus häufig in allen Denkmälern. (cfr. pg. 202 *).

Daneben findet sich aber auch in mehreren Beispielen der **Indicativ** nach »ains que«: er erklärt sich wohl als Ausdruck des Thatsächlichen. So:

Berta 463 ff. Mes avant qe l'ovre vait plus avant De sa fature e'vos diré alquant, — Capt. 153,24 ff. Je croy qu'ainchois que Dieux souffry la pasion, Ne fu telle bataille .. , .., ib. 242,16. ains qu'il ot le royon. — Alisc. 125,14 ff. Ains ke Guillames ot ses dis parfinés Sont descendu desous Orenge es prés, — Paris 50,12. Il est passez avant qu'il le cuida cobrer, — Ren. 11,9. Loiher sailli avant que l'virent maint baron, — Saisn. I. 56,41 ff. Menoies ferons querre ainz que porrons ançois, D'acier lor ferons faire angevins et mansois.

Zu emendiren sind: Floov. 8,13 . . . . . Ainçois que il péut (= péust) en France retorner, — Paris 45,15 . . . . III. fois se pasma ainz que puit (= puist) relever. Auch in folgenden Beispielen ist vielleicht ein (bereits verstummtes) »s« ausgefallen: Capt. 2,7. Ainchois qu'il fut VII. ans , . . ., — Gar. I. 105,2. Ains qu'il fut vespres, 199,10. Ains que passat . . ., — Mong. 7 ff. Ains que morut . , . , ———

Folgende Beispiele, deren Formen sowohl dem Conjunctive

wie dem Indicative angehören können, sind wohl den in bedeutender Ueberzahl vorhandenen Conjunctivsätzen zuzustellen:

Avign. 15,1. Mès je le vengerai ainz que nous departon, Rol. 1900. — Ant. I. 136,1 (ançois que morns, Buev. 2597, 2561, Orenge 1035), — Cygne 29969. Ais que passe' ly mois, Gar. 201,10, — Avign. 36,24 (ainz que voient, Gui B. 61,6). —— »Atandre« (= warten- bis) ist in unsern Denkmälern selten mit einfachem »que«, meist mit »tant que, jusque, tresque, jusque tant que, etc.« construirt worden. ——

Wir kommen nunmehr zu den adverbial determinirenden Sätzen, die den Grad einer Eigenschaft bestimmen, welche entweder in einem Adjectiv oder Adverb oder Substantiv ausgedrückt ist. Der Conjunctiv tritt ein, wenn

α. der Hauptsatz negirt ist:

Aquin 498 ff. Onc ne fut Charlemaine si foul et si hardis Que ceste terre dommager se soit mis, Par Mahommet mon Dieu le postéis! — Alisc. 134,1 ff. Comment diable! je ne sui si osés Ke jel desdie, et vos le ramprosnés! — Aubr. 63,5 ff. Ains mais ne fu paumiers si desrees, Qu'il fust moult fiers et moult desmesures, — Buev. 2116 ff. Or n'i a si bon tour, ce est chose passée, Que barbastre soit bien desfendue et gardée, — Mort G. 17,7. Il ne seroient si osé ne hardi Que il osassent uostre jent envaïr, ib. 174, 10, — Pampl. 3561 ff. Mes Guron ne veust mie donier tantre pois Qu'i l peüst t rier le brand, mes si les feri . . ., etc.

β. der Hauptsatz hypothetisch ist oder in einem hypothetischen Satzgefüge steht:

Avign. 114,16 ff. Se mes sires Ganor est si beneurez Que Miles soit por lui ocis et vergondez, ... , — Ant. II. 263.2 ff. Se nostre gent n'éussent Jhesu à conseillier Si grant paor éussent qu'on les péust loier, Et mener en caïnes ensi com levrier, — Berta 886 ff. . . . . Et si le averés la boscha si esbaré, S'ela criast, qe non soia ascolté, — Huon 94,2 ff. A foi, dist Hues, Dix me puist craventer Se jou ja sui si fols ne si dervés Que çou que puis en XV. jours aler, C'un an tout plain i veule sejorner. (Die Conjunction »que« ist wieder aufgenommen).

γ. der Hauptsatz fragend ist:

Alisc. 132,51 ff. Qidiés vos dont ne fuise tant osés Ne vos touchasse por Gaillame au cort nés? — Jerus. 3732 ff. Quidiés vos que je eusse mon cuer si esperdu Que por I. sol Franchois gnerpuisse mon escu?

C. Der Conjunctiv in hypothetischen Sätzen.

Im Verhältniss zu der lateinischen Sprache ist das Gebiet des Conjunctivs in hypothetischen Sätzen im Französischen bedeutend eingeengt worden. Im Altfranzösischen steht der Conjunctiv noch ziemlich häufig, besonders wenn der Inhalt des hypothetischen Satzes der Wirklichkeit nicht entspricht; dagegen findet sich im Neufranzösischen als Rest des Conjunctivs in derartigen Sätzen nur noch der des Plusquamperfectums, und auch dieser Conjunctiv wechselt gern noch mit anderen Formen (Condicionalis etc.) im zweiten Gliede des Satzgefüges. (cfr. Bischoff pg. 115. — Mätzner, frz. Gramm. 328, § 104,2). —

Der bessern Uebersicht wegen trennen wir derartige hypothetische Sätze im Conjunctive in »vollständige« und »unvollständige« hypothetische Satzgefüge.

a. Vollständige hypothetische Satzgefüge.

a 1. Der Nebensatz ist eingeleitet durch »se« (= wenn):

Aubr. 10,27. Por cestui fuisse encusés et honnis S'or eussiens nos bons chavaus de pris, — ib. 14,7 ff. Mais ja ne fuissent par iaus trestous baillies, S'a Gaselin ne fust uenus meschins, — ib. 16,23 ff. Se ne me fust honte, par saint Denis, Ja m'acordaisse de ta mort de mes fis, — ib. 32,9 ff. S'or seussent d'Auberi uerite, Et de sa gent qui la sont esconse, Il fuissent lie, sachiez de uerite, — ib. 36,1. Sege i fuisse il fust mors et hounis,—ib. 39,21. Se uos fussies ocis par encombrier, Il m'éust fait tos les membres trenchier, — ib. 51,28. Ja fuissent tos laidengie et frape, S'il ne se fuissent erranment destorne. So: ib. 42,20, ib. 52,8 ff., 63,10, 86,15 ff., 86,30, 91,25, 140,25 ff., 179,22, 187,29, 194,1 ff., ib. 205,14, 238,19 ff., 245,28, Amis 534, 549, 1410 ff., 205 ff., 2538, 3228 ff., Aiol 1114 ff., Avign. 16,17 ff., 20,11, Alisc. 16,21 ff., 16,30, 70,25, 171,16 ff, ib. 210,31 ff., Ant. I. 42,10 ff., II. 27.1, 35,8 ff., 88,16, 98,6, 263,2 ff., Aquin 392 ff., 450, 835 ff., 1789, 2870, Baud. 42,10, 106,8 ff., 211,2, 318,3, 365,32 ff., ib. II. 18,23 ff., 27,1, 35,8, 50,30, 189,18 ff., 404,3 ff., 438,8, Berte 59,13, 68,2, ib. 86,7, 138,16, 160,13, 185,8, Berta 986 ff., Buev. 567, 1063, 2614, 3043, Cygne 79 ff., 704, 1742 ff., 2974, 4750 ff., 9979, 15066 ff., 15829 ff., 18161, 31100, ib. 35090 ff., Charr. 101 ff., 564, 1028 ff., Doon 168,8, 308,10, 942,18 ff., Gar. I. 114,5 (statt Séussiez-vous tout le monde . . . zu lesen: S'éussiez . . . . . , ib. 124,12 ff., 136,10, 274,6, — ib. 275,17. S'éusse suite, li chastiaus fut (= fust) tot prins, ib. II. 50,10, 61,20 ff., 125,9, 139,3 ff., 192,3, 218,16 ff., 240,7, 307,13, Floov. 10,16, 13,17,, S'or ne tornast l'espée, ja l'éut (= éust) porfandu, 42,29, Gui B. 31.24, 82,8, 112,19, Gui N. 35,30 ff., 36,14, 86,25 ff., Jerus. 455 ff., ib. 657, 1904, 2721. 4211 ff., 7311, Huon 32,17, 41,8 ff., 179,11, 225,4, 277,7 ff. Mong. 414, 648 ff., Mac. 23, 117, 746, 2152, Orenge 89 ff., 306, Ogier 986,

ib.-4048,-4195, -4375 Ce*) clre ne fust . . . ., jamais ne vost véist en vie,
ib. 4787 ff., Mort G. 24,10, 28.83 ff., 59,20, 170,16 ff., 218,23, Pampl. 3682,
ib. 3637 ff., Raoul 77,18, 103,3 ff., 180,14, 260,1 ff., 309,4 ff., 310,18, Ren. 59,
ib. 29 ff. 153,8, 241,7, 291,25 ff., 307,22, 335,12 ff., 419,21. Rome 494 ff. 692,
Rosa. 299,30 ff., 361,11,. Rol. 691, 1717, 1769, 3429, 3764 ff., K. Reise 688
ff., Saisn. I. 148,2, 241,6 ff., Viane 679 ff., 1576, 1908 ff., 2046, 2752 ff.,
3209, etc.

a 2. Auch durch die blosse Wortstellung wird der hypothetische Satz ausgedrückt, sobald er v e r n e i n e n d ist; doch ist diese Wendung jetzt veraltet oder bleibt fast nur der Umgangssprache überlassen (cfr. Diez III 4 358,5):

Aiol 125. Nous fuissiens piech'a mort, ne fust l'ermites, — Aubr. 62,27 ff. . . . . . Qu'Auberis fust moult malement menes, Ne fut li cuens, qui s'est haut escriés, — ib. 229,20 ff. Huedon eust maintenant afole, Ne fust li dus, qui uers iaux l'a tense. ib. 234.4 ff., — Amis 1581 ff. Ne fust l'aubers qui iert fors et treslis, Tont l'éust mort li cuivers maléis. So: Alisc. 5'34, 48,21, ib. 80,33, 210.11 ff., Aquin 144 ff., Avign. 90,1, Berte 128,8 ff., Buev. 1150, ib. 1638, Berta 33 ff., Cygne 29549, Doon 190,33, 152,29, Fierab. 19,16. 45,1, Gar. I. 140 5 ff. Mort li éussent, de verte vous le dis, Ne fut (= fust) Hernais d'Orléonois, li gentis, ib. II. 108,20 ff., 130,4, 155,5, 191,7 ff., Gui N. 25,3, Huon 104,6 ff., Looys 2582 ff., Orange 1289 ff., Ogier 464 ff., 1850 ff., 1855, ib. 5556 ff., Otin 41,14 ff., Mort G. 5.10 ff., 39,11, 113,14, 168,7 ff., 184,18, 185,2 ff., Raoul 111,9 ff., 175 5 ff., Ren. 355,36, Viv. 1397, 1790 ff. etc.

Seltener begegnet man dieser Construction bei p o s i t i v e m Nebensatze (cfr. Diez ib):

Ogier 942. Retenus fust, já nus nel remontast, — Raoul 99,19. Car venus fust, ja ne li fust eschies, — Rol. 899. Fust Chrestiens, asez oüst barnet. ib. 1102. Fust i li reis, n'i oüssum dammage.

a 3. Der Nebensatz erscheint unter der Form eines R e l a t i v s a t z e s (»qui = si quis, wenn man):**)

Aubr. 167,13 ff. Qui le uist adonques afichier . . . , Bien li membrast de uaillant chemalier, — Amis 3210 ff. Qui lors velst dedens la chambrer entrer . , . . ., De grant merveille li polst ramembrer. So: Aubr. 174,12 ff., ib. 184,31 ff., Cygne 2805 ff., Alisc. 5,16, 116,17 ff., Buev. 382 ff., 2779 ff., ib. 2869 ff., Ant. I. 247, 21 ff., II. 264,12 ff., Berte 89,14, 175,4 ff., Doon 295,3 ff., 335,2, Charr. 965 ff., 984, 988, 1008 ff., Gar. I. 174,11, 221,19 ff. ib. II. 83,9 ff., 93,16, 238,1 ff., Jerus. 2679 ff., Mong. 593, Rol. 1181, 1970 ff., ib. 3483 ff., Raoul 101,8, ——— Aquin 1676 ff. Qui l'andemain s'en fust ou champ alé, Prandre petist armes a grant planté, — Aubr. 156,12. Ne fust si lies qui lui donast Paris. So: Aiol 1291, Baud. II. 135,1, Charr. 565, Cygne

---

*) »ce« steht häufig für »se«: Mort G. 243,17 ff., Ogier 4869, 4398 ff., 4787, 4832, Raoul 140,14, 294,22. etc.
**) cfr. Diez III 4 384,2.

2063 ff., Gar. II, 140,25, Viane 2398, 2446 ff., — Berte 151,17 ff. Lors ne se tenist mie, qui le déust tuer, Que son pooir ne face de s'amour conquester, — Looys 910 ff. Parmi le cors son roit espié li passe, Que d'autre part péust l'en une chape pendre au fer, qui s'en fust pris bien garde, — Raoul 201,16 ff., Encore volsissent la bataille essaier Qui longement les laissast chaploier, Et que que soit n'éust nul recourier. etc.

a 4. Der Nebensatz wird in adversativer Weise dem Hauptsatze coordinirt vermittelst der Conjunction »mais« mit dem Indicative:

Alisc. 216,3 ff. Mors fust Baudus, la teste éust copée, Mais Rainouars a sa vois escriée ..., — Aubr. 15,10, Ant. II. 88,2. Bien fussent el dessus, mais l'eschielé brisoit, — I. 39,2 ff. Tout l'éust porfendu, mais l'espée ens torna, — Berte 66,3 ff. Il l'éust ens menée, ja n'en fust trestourné, Mais il avoit le cuer si plain de loyauté, Qu'il ..., — Doon 167,1. A chest coup l'éust mort, mez maufé li aida, — So: Fierab. 173,26, 174,1, 174,3 ff., Gar. II. 113,17, Gaufr. 48,1 ff., 117,7, 117,11, K. Reise 826. etc.

a 5. In ähnlicher Weise wird der Nebensatz dem Hauptsatze coordinirt durch »quant« mit dem Indicative:

Aubr. 227,19 ff. Ja se uousist der traiteur vengier, Quant li ramembre de dieu le droiturier, — 234,20. Ja li baissast, quant en fu releues, — Aquin 953 ff. A mon escient illec fust occis, Quant le duc Nesmes i vint tost à devis, — 2564 ff. Ja se ne fussent nostre gent deroté, Quant Nesmes garde par les boays deserté, — So: Baud. I. 249,23 ff., II. 420,20 ff., Cygne 5973 ff., ib. 9431 ff., 26161 ff., Doon 94,24 ff., Gar. I. 126,8 ff., 275,15, II. 121,13 ff., ib. 208, 3 ff., Fierab. 158,2, Gaufr. 178,24, 192,11 ff., Jerus 606 ff., 6654 ff., Looys 1915, Main. II. 132 ff., Mac. 409, 432 ff., 2406 ff., Mort G. 14,8 ff., ib. 81,13 ff., 111,11 ff., 199,4, Pampl. 146 ff., Paris 8034 ff., 81,11 ff., Ren. 19,20 ff., 248,8 ff., 439,1, Saisn. I. 260,10 ff. etc.

a 6. Verbindungen mit »por«, welche einen concessiven Sinn haben, stehen an Stelle eines hypothetischen Nebensatzes:

α. »por« mit einem Infinitive:

Gaufr. 168,11 Mes il ne menjast mie pour les membres trenchier, 212,8 ff. — Main. V. 51. Mais il nel vausist faire por a tolir un membre. etc.

An Stelle des Conjunctives im Hauptsatze tritt das Conditionalis in:

Ant. II. 16,14. Car jo ne le feroie por ardoir à torment, — Gorm. 209, Jeo ne lerreie pur murir, que jeo ne l'auge ja ferir, 221 ff., Orenge 367, Paris 89,12 ff., Raoul 10,2, 179,22 ff. etc.

β. »por« mit dem Gerundium:

Main. IV. 130. Ne l'portast une liue por un membre perdant.

γ. »por« mit einem Substantivum:

Alisc. 17,15. Ne fust si liez por XIII. citez, 172,8, 208,19, — Aubr. 17,3. Ne fust si lie por l'oneur d'un païs, 38,13, 100,28, 228,5, Ant. II. 37,9, ib. 79,11, Berte 20,8, Cygne 5661, 34719, Jerus. 6314, 6652, 8029, Mac. 2722, Mort G. 111,15, 144,10, Raoul 138,4. 169,18, Ren. 9,5, 43,14, Viane 3128, Paris 25,2, ... Qu'ele n'alast avant per c. mars d'or pesez. etc.

a 7. Der hypothetische Nebensatz wird durch »quand« eingeleitet :

Pampl. 3495 ff. Pensons donc che ferons quand fust sou convenir Rolland e Olivier pour guerre sustenir.

a 8, Der Hauptsatz des hypothetischen Satzgefüges ist in dem vergleichendem »com« oder »que« angedeutet:

α. in dem vergleichenden »com« :

Aquin 2081 ff. En yver chaulde comme ung baign tranpé, En esté frede comme s'il eust gelé, — Ant. I. 79,4. Estatins le trait fors, com s'il fust forsenés, — 161,12. Li uns encauce l'autre con sé fust aramie, — Capt. 189,10. Hautement s'escria, con s'il fust plain et seige, 153,7, So : Cygne 743 ff.. Doon 87,2 ff., 83,5, Gui B. 24,5 ff., Jourd. 3883 ff., Ogier 10,8, Raoul 330,19 ff. (com ce , ...), Ren. 17,7 ff., 447,17, Saisn, I, 257,6 ff.

Ohne »se«: Aubr. 230,31. Ainsi le trenche, com fust I. uies tapis, — Alisc. 213,7. Ensi le ront com fust I. peliçon, — Avign. 19,17 ff., — Berta 1015 .... En sa çanbre la mene coiement, Si la onore com fust soa parant, — Gar. II. 241,9. Hulent et braient com fuissent enragié. So: Mac. 1397 ff., ib. 2396 ff., Orenge 1552, Pampl 722, 2193 ff., Ren. 399,25 ff., Saisn. 195,12. etc.

β. in dem vergleichenden »aussi .... com« :

Alisc. 210,22. ... Tout ausi droit com s'il fust mesuré, Ant, II. 288,4 ff, — Mort G. 113,17 ... Tot enforchié ausi com s'il fust vis, — Otin. 41,3, Aussi se meine com s'il fust forsenez.

Ohne »se«: Alisc. 132,14. Ausi le lieve com il fust noviaus nés, — Jerus, 6366. Cornumerans cort sus, ausi com fust desves, — 6239. Qui ausi les regarde com les volsist mengier, — Ren. 250,25. Autresi se contient com fust en someillon.

γ. in dem vergleichenden »que« :

Aubr. 14,10 ff. Il ne se muet, tant soit poins ne brochies, Ne que s'il fust de III. cordes liies, — Berta 1054 ff. A celle dameselle prist si dotriner Qe plus l'amava qe s'ela fose sa mer, — Gar. I. 98,16. Mieus devons faire que se il fust ici. Pampl. 372ϱ ff.

Auch folgendes Beispiel ist hierher zu stellen :

Buév. 2514 ff. Bien li siet en sou chief ses vers hiaumes gemés Et li escus au col, si qu'il fust plantés.

Haupt- und Nebensatz des hypothetischen Satzgefüges haben verschiedenen Modus:

α. Der Nebensatz steht im Conjunctiv; der Hauptsatz im Indicativ bezeichnet eine Thatsache, die unter gewissen Umständen wirklich eingetreten wäre, als eine wirklich vorhandene (Bischoff. pg. 118):

Aubr. 133,1. S'eusse gens et cheualiers de pris, Tant maintenroie ...., — Baud. I. 21,34 ff. Se vous éussent pris, ou nous ou vos privez, Par che Roy cristien en seroit respitez, — Buev. 940 ff. Se chascuns de nous fust armés et fervestis, Nous n'sriiens mais garde de Turs ne d' Arabes, 137 ff., 1463 ff., — Berta 602. Se li rois non fust en nos tot fiés, El n'o n'averoit qui alois envoiés, 411 ff., Berte 102,22 ff., Capt. 76,13. Se Survenus ne fusse, vostre mort aprochoit, — Huon 189,9 ff. .... Et par Mahom, cui je doi aourer, Se ne me fust por mon cors avienter, Je vous feroie de mon puing sor les nés Si que le sanc en feroie voler, — Gar. I. 100,1 ff. Se Dieu créussent qui en la crois fu mis, Plus bele gent onques uns hons ne vit, — Gar. II, 203,5 ff., Se je réusse, au mains le mien chier fils, Toute ma terre priseroie petit. — So: Huon 189,9 ff., Jerus. 621 ff., Mong. 431 ff., Mac. 385 ff., 557 ff., 1953, ib. 2882 ff., 3173, 3265 ff., Pampl 274, 591, 661 ff., 760 ff., 1992 ff., 2007, ib. 2215, 4655 ff., 4912 ff., Rome 44 ff., 127, Rol. 440, Viv. 1522 ff. etc. etc.

β. Umgekehrt steht im Hauptsatze der Conjunctiv und im Nebensatze der Indicativ:

Fierab. 6,13. Se il en prenoit armes, mais fust de moi amés, — Gar. I. 101,19 ff. Desconfit fussent Paien et Sarrasin Se il savoient que nous fussions ici, — Mort G. 14,16 ff. Se nos parajes le poroit consentir, De ceste guerre fust accordance et fins, — Ren. 62,26 ff. Mais s'or ne cui doie estre de pechié malbailli, Ja por prendre venjance n'alasse avant de ci. etc.

Werden mehrere Bedingungssätze an einander gereiht ohne Wiederholung des »se«, so steht der erste Bedingungssatz mit »se« im Indicativ, die übrigen ohne »se« im Conjunctive:

Alisc. 211,6 ff. Se je n'avoie fors mon seul poig quarré Et vos fuissiés encor IIII. asamble, Si vos aroie conquis à l'ajornée, — Gar. II. 41,3 ff. Sé or avoie tout gasté lor païs Et puis si fusse en mon chastel flatis, Nes douterois, vaillant un Parisis, — Orenge 308 ff. S'estiez ore c. m. as espécs, ... Et voissiez commencier la mellé, N'iéust eve ne nulle destornée, 336 ff, — Ross. 328,16 ff.. Se crian andui es praz-là-jos, E fusson par home iluec rescos, Se Bos là me fereit, si fol ne fos.

b. Unvollständige hypothetische Satzgefüge:

α. Hypothetische Hauptsätze, deren Nebensätze zu ergänzen sind: Alisc. 11;11 ff. Tex. XV. plaies ñi el -cors sous· l'ermin De la meneur mouruet I. fort ronchin 23,8, Main. IV. 128 ff., V. 4 ff., — 219,10 D'un de ses poins fust bien I. ors tués, — ib. 337,1. Ne péust on en nul paiis trover Qui miex séust ..., — Aubr 21,2 ff. De uostre pere uos deust ramembrer, Que li Lonbart font en prison garder. De nos meismes uos deussies pener, 173,11 ff., — Cygne 154 ff. Biaux, dist Matabrune, bien te voy ignorent, Vous éuissiés éut la fille au roy Morghant, Et le royaume oussy, et trestout l'apendant, 4706 ff., — Baud. II. 298,3 Car piechà déussiés avoir vostre loïer, — Gar. II. 241,11 ff. Vous déussiez de moi terre tenir : Je vous féïsse chevalier! II. 110,14 ff., — ib. III. 26,4 Et Isorés son gage porofrit. Là le pléivissent ot parent et amin, ib. II. 160,5. Li grans tournois jà déust départir, — II. 270,1. Jà deussiez estre el cuer del pais, — K. Reise 56. Ne deussiez penser, dame, de ma vertut, — Huon 176,4 ff. Por poi de cose m'as or coilli en hé, Voir vers ton cors ne fesisse pas tel, — Looys 2268 ... En i ot tant venu et assemblé, L m. les péust l'en esmer! — Mong. 547 ff. Or ne déuss (= deusse) IIII. ou V. avoir mort Et ochis à martire, 509 ff., — Ren. 301,4 ff., Ha! Baiart, bons chevaus, que ne saves parler! De ma grande dolor m'etissies conforté, — Rol. 455. Vos le doüssez esculter e oïr etc.

Besonders häufig kehren die formelhaften Wendungen »veissiez«, »oissiez etc.« wieder:

»veissiez«: Aubr. 84.25, 118,9, 118.11, 142,12, 185,17, 215.17, 215,6 Alisc. 2,31, 3,3. 30,9, 69,5, 145,22, 169,19, 177,16, 244,7, Aquin 40, 1642, Amis 220, 377, 3174, Avign. 57,31, 125,1, Ant. I. 46,6, 195,20, II. 28,2, 123,8, 142,5, ib. 208,7, 236,2, Baud. I, 51,15. Charr. 1876, 1408, Cygne 5720, 15009, 16019, ib. 29447, 34893, Capt. 82,3, 153,20. 175,5, Doon 88,2, 226,22, 339,1, Fierab. 40,19, 100,4, 148,8, Gar. I. 3,5, 9,8, 9,11, 9,13, 34,16, 36,3, 95,3, 106,1, 131,9, ib. 192,13, 236,9, 240,5, 240,10, 264.6, 264,7. II. 8,7, 48,2, 88,3, 118,8, 162,9, ib. 207,7, Floov. 17,24, Gui B. 112,32, Gui B. 2,22, 37,4, Jourd. 208, 1056, Jerus. 96, 457, 1571, 2276, 3995, 4134, 6244, .7721, 8336, Mac. 2365, 2656, Mort G. 23,11, 50,6, 60,4, 129,5, 235,2, Ogier 459, 470, 722, 1319, 3256, 5210, ib. 5229, 5721, Rol. 849, 1622, Ren. 58,9, 121,25, 235,8, 449,18, Paris 59,1, ib, 81,3, 81,7, Pampl. 1937, 1943, Rome 97,100, 833, Saisn. I. 135,10, 195,8, Viane 395, 597, 1681, 2380, Viv. 208, 439, 554, 1201. etc.

»oissiez«: Alisc. 238,11. Dont oissiez molt grande rision Des cevaliers qui sont par la maison. Ant. I. 261,4, II. 27,4, 75 5, 107,17, Berte 171,4, Buev. 374, Cygne 18223, Fierab. 95,5, Doon 334,24, Gaufr. 91,15, 134,9, Gar. I. 26,5, ib. 27,11, 91,4, 170.13, 195,3, Gui B. 112,29, Jerus. 605, 641, 1597, 1669, ib. 2278, 7431, 7714, 7716, 8335, Jourd. 3977, Mort G. 50,10, 141,12, 169,10, Mac. 2363, Rome 973, Ross. 302,11, 358.23. etc.

»véoir resp. oïr puissiez«: Là péussiés véoir mainte tente drecie, 218,8, ib. II. 192,10, 208,4, 424,8, Berte 179.18, Capt. 169,21. Cygne 5830, 9438,.

ib. 25464, Doou 309,28, Gar. I. 289,2. II. 53,2. Gui B, 127,24, Jerus. 98, 188,
ib. 279, 562, 2735, 7260 7355, 8397, 9027, Pampl. 1925, —— Gar. I. 107.16,
Maint olifant i poïssiez oïr, Pampl. 1879, 1919, 2154, Rome 414, — Viv. 417.
Lors péussiez oïr un ploréiz. etc. — Aehnl. Gar. II. 143,11. Onze vint tables i
poïssiez choisir.
»**la véïst-on**« etc. Cygne 176 ff. Bielles noeches. fist-on, de chou n'ester,
Et de maint instrument y véist-on juer, — ib. 34899. Là véist-on Ribaus
rasalir et fraper, — Gar I, 263,4. Là véist-on maint bon cheval covrir, ib.
II. 49,15. — Raoul 49,15. D'une grant liue n'oïst-on Dieu tonnant!
»**là poïst-on veoir**« etc. Gar. II. 96,14. Mainte bannière véoir poïst-on,
Et maint archier et maint serjant felon. — Mort G. 28,18. Quatre-vint tables i
poïst l'an choisir, — Ren. 47,30. Et tant conte et tant duc trover i poüst-on,
Saisn. I. 61,12 ff.

β. Es steht ein Bedingungssatz ohne Folgesatz im Sinne
eines unerfüllbaren Wunsches (Kowalski a. a. O., pg. 49 d.):
»**qui dont véist**... « etc.: Aubr. 11,26. Qui les ueist sor les cheuax de
pris! — Ant. II. 123,4 ff. Qui véist nos barons Antioche cerchier, Et ces Paiens
ocire, et les membres trenchier, L'uns par deseure l'autre verser et trebuchier! —
Looys 1883. Qui dont véist les aguez debuchier! — Mac. 79,13. Qui doncha
veïst la mer la fia baser! 2310, 2582. So: Alisc. 224,4, Avign. 57,29, 96.20,
ib. 233,12, Mong. 772, 783 ff., Mort G. 39,1 ff., 113,1, 247,3, 247,10, Ogier 3884,
ib. 3886,3914, Ren. 19,9. 233,22, 239.20, Rol. 1680 ff., 3473, Saisn. I. 28,5,
Viane 1650, 2352, ——— Jerus. 651 ff. Qui dont véist St. Joire nos barons
arester Et oïst Buiemont et hucher et crier, ib. 4412, — Pampl. 4,804 ff. Chi
donc eüst veü Rolland ou Durindal Trencier aobers e lomes e escns
antretal, ... ! etc.

Ueber die durch »**miex venist** ... « eingeleiteten unvollständigen hypothetischen Sätze vergleiche pg. 39 Nr. 11.

Zum Schluss mögen noch die Fälle betrachtet werden, in denen als einleitende Conjunction des Bedingungssatzes »**mais que**« (= »vorausgesetzt dass, wofern«) verwendet worden ist:
Amis 2853 ff. S'on me devoit trestout desheriter, Mais que santé voz
poïsse donner, Tost le feroie, ge'l voz dis sans fausser, Aubr. 60,17, 175,27 ff., —
Baud. I. 208,9 ff. Je venderai mon hoste, se il voelt, I. destrier Et trestoutes
les armes qu'afflert à chevalier, Mais qu'il en voeille chi le carité païer, —
ib. II. 100,31 ff. Et je vous en donrai largement et haïe, Mais que je puisse
entreir en la sale voltie Qù la damoisele est qui ensi brait et crie, 119,23 ff.,
338,20 ff., —Berte 97,8 ff., Tant li proia la dame que li rois s'assanti A ce
qu'ele y voïst, mais que soit par un si Qu'ele amaint, s'ele peut, ou Reinfroy
ou Heudri, — 154,2 ff. Mais qu'ele éust son cor de ce peril geté Ele a bien
eu son cuer vraiement empensé . . . ., Cygne 4723 ff. Ly cambrelens à lui
escrit et saiela Et que paine mésist et le pays r'ara, Mais que li roys soit
mors qui à Sainteron reva, ib. 15522 ff. Je feray vostre gré, n'en serés escondis,
Mais que des fieux soudant ne m'en soit nul tramis. 39994 ff., Capt 6,19 ff.,

104,5 ff., **Floov**. 53,23. Je vos an faz le don, mas que Francois soient pris, — Gar. I. 47,2 ff.. Et cil respont, volentiers le fera, Mais que il sache quel part il tornera, II, 210,6 ff., — Gaufr. 58,21 ff., Vous arés du meillor, ou il poist ou non, Mez que fachiés ma dame son talent et son bon, — 213,2 ff. Ele vous aime tant, par le cors saint Ligier, Qu'ele se lerroit bien I. des membres trenchier Mèz qu'ele vous péust acoler et beisier. 248,17 ff,. Gui N. 8,22 ff., Jourd 3930, — K. Reise 491 ff. Grant Huntage avez dit, mais k'il sacet li reis, En trestote sa vie ne vus amereit. — Mong. 433 ff. Ne li caut gaires que on vende le blé, Mais que il ait son ventre saolé. Ren. 334,19.

In folgenden Beispielen hat »mais que« eine andere Bedeutung:

α. »mais« hat seine gewöhnliche Bedeutung »aber«, que führt eine vorangehende Conjunction weiter:

Viane 528 ff. Gardeiz k'il soit et retenus et pris, Mais k'il ne soit ne blesciez ne malmis.

β. »mais que« ist rein conditional gebraucht = »à condition que«:

Buev. 2140. Mais qu'il ne vous anuie, d'une chose vous pri, — Mong 797 ff. Et dist Guillaumes: trestout merci aurés, Mais que vous faites chou que j'ai enpensé.

γ. »mais que« = »nur dass« (cfr, Kowalski a. a, O., pag. 49):

Jourd. 3158 ff. Puis la guerpirent iluecques maintenant, Que de riens nulle ne les vont araisnant Mais que Jouelmus lor dist seulement tant:

δ. »mais que« in präpositionaler Verwendung:

Amis 2500 ff. Ne li faut chose au soir qu'il n'ait au main, Mais que santez dont il est desirranz. cfr. 2766 ff. Ne li faut riens au chevalier Francor Fors que santez dont il est desirroz. 2499, etc.

Wie bereits bemerkt worden, ist das Gebiet des Conjunctives in hypothetischen Sätzen im Altfranzösischen und noch mehr im Neufranzösischen bedeutend eingeengt worden, namentlich durch das Eintreten des Conditionalis zunächst in den Folge- dann auch in den Bedingungssatz; Beispiele von hypothetischen Satzgefügen in verschiedenem Modus lernten wir bereits früher (pg. 74.) kennen, der Vollständigkeit halber mögen nun noch einige Beispiele erwähnt werden, in denen nur der Indicativ zur Verwendung gekommen ist:

α. **vollständige hypothetische Satzgefüge im Indicativ.**

Aubr. 63,28. Bien sai, s'il ert der Borgoin acointies, Plus l'ameroit que home qui seit nes. — Berte 112 5 ff, S'il savoit que sa fille éusse ainsi trouvée . . . . Moult tost sevoit sa joie à grant duel atornée, — Cygne 4676 ff. Mais se prendre voliés le saint baptisement Encore vous laroye goyr paisiblement Du royalme, quant iert à mon commandement, — 31184 ff. Qui me donreit tout l'or qui onques fu ouvrés. Je n'en fauroie point, mais se Mahoms est tés . . . ., — Gui B. 9,3 ff. Car, se revenoit Karles ariere en son rené, Et il me trovoit ci que fuisse queroné, Il me todroit la teste, jel sai de verité, — Huon 34,9 ff. Se jou savoie homme qui fust vivant Que jou éusse tolu ne tant ne quant, Pour I. denier réaderoit I. besant, — 170,9. Se tu n'avoies Vc. hommes tué, N'aras tu garde por homme qui soit né, — Gar. I. 150,10. S'an voliez une, vous en auriez dis, — Jerus 1637 ff. Qui chaperoit la terre dusc' à l'iaue del Ring, Ne troveroit ensemble tant bon vassal meschin, Looys 2289 ff., — Mort G. 120,6 ff. Et se vers ax vos voléiez tenir, Et vos, et ax feroie repentir. Ren. 134,17 ff., — 172,11. Je le feroie volantiers, Sire fils, se•je véoie o point avenir, — Viane 66. Se vos perdoie, ne seroie mais liez. etc.

β. **Unvollständige hypothetische Satzgefüge im Indicativ.**

Beispiele in denen der Hauptsatz im Conditionalis ohne begleitenden Nebensatz steht, sind sehr zahlreich:

Aquin 548. Il vouldroit miex aver perdu la vie! — Amis 1017. Or voldroie mors iestre! Aehnl. Alisc. 82,11, Jourd. 637, 2805, Ogier 5572. etc. etc.

Disposition.

A. Der Conjunctiv im Wunschsatze.

I. Der Conjunctiv in den unabhängigen Wunschsätzen:
   a. in den unbedingten, realen Wunschsätzen.
   b. in den bedingten, realen Wunschsätzen.
   c. in den irrealen (unerfüllten oder unerfüllbaren) Wunschsätzen.
   d. in den unabhängigen Aufforderungssätzen.
   e. in den unabhängigen Einräumungssätzen.

II. Der Conjunctiv in den abhängigen Wunschsätzen.
   a. in Wunschsätzen im engeren Sinne.
   b. nach den Verben resp. verbalen Ausdrücken des Fürchtens.
   c. in Sätzen, in denen der Wunsch sich äussert in einer Handlung, die auf ein Ziel hingeht.
   d. nach den Verben resp. verbalen Ausdrücken der Aufforderung.
   e. in Sätzen, über deren Inhalt im Hauptsatze ein Urtheil ausgesprochen wird, welches derart ist, dass damit ein Wunsch oder eine Besorgniss des Urtheilenden verbunden ist.
   f. nach den Ausdrücken des Affects.
   g. nach den Ausdrücken des Zugestehens und Erlaubens.

B. Der Conjunctiv der Irrealität.

I. Der Conjunctiv in Substantivsätzen.
   a. der Substantivsatz ist Subject eines Verbums des Seins.
   b. der Substantivsatz ist Object:
      1. eines Ausdrucks der Wahrnehmung.
      2. eines Ausdrucks der Gedankenvorstellung.
      3. eines Ausdrucks der Aussage.
   c. der Conjunctiv nach den Ausdrücken des Scheinens.
   d. der Conjunctiv in indirecten Fragesätzen.

II. Der Conjuntiv in determinirenden Sätzen.

a. der Conjunctiv in den adjectivischen Determinirungssätzen.
 1. die qualitativ determinirenden Relativsätze.
 2. die quantitativ determinirenden Relativsätze.

b. der Conjunctiv in den adverbial determinirenden Sätzen.
 1. negative Nebensätze, mit »que....ne« eingeleitet, denen ein negativer Hauptsatz vorangeht; sie können meistens durch »ohne dass« wiedergegeben werden.
 2. adverbial determinirende Sätze, welche einen die Handlung des Hauptsatzes begleitenden Nebenumstand angeben.
 3. adverbial determinirende Sätze, welche die Art, wie sich die Handlung des Verbums im Hauptsatze vollzieht, in sofern näher bestimmen, als sie die durch dieselbe hervorgebrachte Wirkung angeben.
 4. die Temporalsätze.

C. Der Conjunctiv in hypothetischen Sätzen.

a. die vollständigen hypothetischen Satzgefüge.
b. die unvollständigen hypothetischen Satzgefüge.

Vita.

Ich, Gustav Louis William Busse, geb. zu Sossmar den 13. April 1859, besuchte von Ostern 1873 an das Königl. Gymnasium-Andreanum zu Hildesheim, woselbst ich in die Quarta aufgenommen wurde. In Folge besonders günstiger Versetzungsresultate konnte ich bereits Ostern 1879, nach bestandenem Maturitätsexamen, die Universität beziehen. Speciell widmete ich mich dem Studium der neueren Philologie, und zwar an den Universitäten Göttingen und Kiel. Vom Ende des Sommersemesters 1881 an bis zum Beginn des Sommersemesters 1882 hielt ich mich behufs practischer Ausbildung in der Conversation in England auf, welche Zeit ich zum Theil als foreign master an der Salthill-Grammer-School des Rev^{d.} Mr. Thompson, near Windsor, zum Theil privatim in London verlebte. Meine Absicht London mit Paris zu vertauschen, scheiterte; Familienverhältnisse riefen mich in die Heimath zurück. Das examen rigorosum bestand ich am 4. August 1884; wenige Wochen nachher entriss mir der Tod meine geliebte Mutter nach langem schweren Krankenlager. Vom 1. April 1885 bis zum 1. April 1886 genügte ich meiner einjährigen Militärpflicht beim Königl. 2. Hess. Inf.-Reg. Nr. 82.

Während meiner Studienzeit hörte ich die Vorlesungen folgender Herren Professoren und Docenten: Andresen, Baumann, Krohn, Krümmel, Lotze, E. Müller, Th. Müller, Napier, Sarrazin, Sterroz, Stimming, Vollmöller, Volquardsen, Wagner, Weiland. Ihnen allen, besonders aber Herrn Prof. Dr. Stimming, spreche ich meinen wärmsten Dank aus für die vielfache Anregung und Förderung meiner Studien.

Thesen.

I.
Die burgundische Form amoie-es-t (= sg. conj. praes.) ist entstanden durch Einfluss von soie-es-t.

II.
Als Etymon von »aquiter« ist nicht nach Koschwitz (»Lex. Anhg. z. K. Reise«) ein »ad + quietus«, sondern ein »ad + quittus« anzunehmen.

III.
»Regnet« (regnatum) ist im Altfranzösischen ohne »mouillirtes n« gesprochen worden.

IV.
In »mon, ton, son« hat sich der geschlossene Olaut regelrecht aus lat. »ŭ« durch Accentverschiebung und Verschleifung des vorhergehenden »e« (– »mêúm«) entwickelt.

V.
In Cymbeline IV. 11,229 ist zu lesen:
    The ruddock would
With charitable bill (O, bill, sore-shaming
Those rich-left heirs that let their fathers lie
Without a monument!) bring thee all this;
Yea, and furred moss besides, when flowers are none,
To w i n t e r - g u a r d thy corse.

VI.
In Chaucer's Rom. v. d. Rose (Glasg. Ms.) ist zu lesen:
2125,6 »And if thy trouthe to me thou kepe
    J shall unto thyn helping (eke) l e p e.«
und 4826,7 »Of other fruyt by engendrure
    Which love to God is not (plesing) p l e s u r e.«